いじめ・不登校

「先生、その対応間違ってます!」

保護者とつくる
〝こどもまんなか〟の学校9つの秘訣

嶋﨑政男

日本学校教育相談学会名誉会長

教育開発研究所

はじめに

　ちょうど30年になります。底冷えのする初冬の日でした。煌々と月の光が降り注いでいたことを覚えています。時計の針が9時を指そうとしていたとき、明かりの漏れる教室に気づきました。急ぎ駆けつけると、美術担当の若い教師が生徒の作品をじっと見据えていました。

　「もう遅いから、今日は"店じまい"にしたら」と声をかけると「教頭先生！生徒は必死で作成したんです。しっかり見てあげなければいけないんです」。彼は厳しい口調で言い返しました。生徒同士の乱闘の知らせを受け、給食で余ったパンを手に学校を飛び出したときも、「パンがなぜ必要なの」という私の問いに、「あいつら、きっとお腹すかしてますよ」と答えたときと同じ響きのある声でした。

　私が異動した年の末、彼は自ら死を選びました。一人の母親とその支援者から、指導の厳しさを責められ続けた末の出来事でした。前年から始まっていたことで、大声で詰られる場面に何度も遭遇し、間に割って入ったことも度々ありました。でも、私には彼を救うことができませんでした。

　保護者クレーム問題への深いかかわりはここから始まりました。書棚には拙著『"困った親"への対応──こんなとき、どうする？』『学校崩壊と理不尽クレーム』を含め、関連本が80冊並びます。「保護者対応」を冠した研修会のお手伝いは数百回を数えます。しかし、今なお、問題の解決へは道半ばという状況が続いています。

　いじめ問題に係る教師アンケートでは、「苦慮すること」のトップは、「保護者対応」が他の選択肢を大きく引き離しています。重大事態の調査に携わるなか、「子供の最善の利益の保障」をめざすべきにもかかわらず、「大人の最悪の利害の相克」を目の当たりにすることがしばしばあります。

　不登校問題では、その子なりの要因・背景には目もくれず、「無理して行く必要はない。誰でも、何時でも、何処でも行ける場をつ

くるから」が合い言葉のように全国を席巻しています。「休養が必要な子」がいることは確かです。しかし、すべてではありません。自身が抱えている問題に必死で「助けて」と、心の中で叫び声を上げている子に、「様子を見ましょう＝何もしない」のは大人の罪です。

　「いじめがあっても学校は何もしてくれない。隠蔽さえする」「酷い学校なんて行かないという選択こそが正しい」。このような「いじめ物語」「不登校物語」がまことしやかに流布され、クレーム問題に新たな「追い風」を送っています。

　保護者クレーム問題の「これまで」を総括すると、確かに、学校・教師の不手際が目立つ事例も多々あります。しかし、大多数の保護者は学校・教師を信頼し、ともに手を携えて「子供の幸せ」のために粉骨砕身しています。

　保護者クレーム問題を通して、学校が改善を図ったり、教師が対応姿勢を改めたりするなど、プラスの効果もあります。一方で、理不尽な苦情・要求を繰り返す一部の保護者の問題点も指摘されます。その要因・背景に踏み込んではならない等の「タブー」がそれを助長します。

　今、やっと気づきました。「タブー」を生み出した「物語」の存在に。このままでは、「こどもまんなか」を標榜しながら、子供が脇に追い払われてしまいます。「子供の最善の利益」を保障するには「物語」の書き換えが必要です。本書では、いじめ問題と不登校問題を取り上げ、「これまで」の保護者クレーム問題と決別し、「これから」は、保護者との連携協働こそが、子供を取り巻く多様な問題の解決に必要不可欠であることを確認していきます。

　教員生活50年の大きな節目に、本書を上梓できたことは無上の喜びです。子を慕い子に慕われながら、若き命を散らしていった同僚に捧げたいと思います。本書執筆を勧めてくださり、発行まで温かく見守っていただいた山本政男様に心より感謝申し上げます。

令和6年6月　嶋﨑　政男

4

はじめに・3

第1部　「これまで」を振り返る

§1　「保護者クレーム問題」小史
　1．「クレーム」問題の発生・13
　2．「保護者クレーム問題」第Ⅰ期：保護者クレーマーの誕生・14
　3．「保護者クレーム問題」第Ⅱ期：モンスターペアレントの出現・14
　4．「保護者クレーム問題」第Ⅲ期：「セカンドステージ」・16
　5．「保護者クレーム問題」第Ⅳ期：「保護者との協働」への道・19
§2　生かされなかった「過去の教訓」
　1．「子供と向き合う時間」の確保・23
　　（1）　教育改革と教師の長時間労働・23
　　（2）　教員の「働き方改革」・24
　　（3）　「子供と向き合う時間」の確保・25
　　（4）　教員志望者の減少問題・26
　2．生徒指導の基本姿勢の混乱・28
　　（1）　生徒指導の基本姿勢・28
　　（2）　生徒指導と教育相談・30
　　（3）　校則問題・31
　　（4）　懲戒・体罰・指導死問題・32
　3．「法化社会」への対応・34
　　（1）　「法化社会」とは・34
　　（2）　教育的思考と法的思考・35

（3）　身近な出来事から法を学ぶ・37

（4）　法に基づく苦情・要求（例）・38

4．「困難クレーム」との正対・41

（1）　「困難クレーム」の増加・41

（2）　タブー視された「保護者の心理面への言及」・43

（3）　「タブー」への挑戦──「困った親」は「困っている親」・45

（4）　「困難さを感じる」保護者へのはたらきかけ・46

§3　「困難事例」を生み出した背景

1．「物語」の誕生・49

（1）　「学校＝悪」の世論形成と「物語」の誕生・49

（2）　「囚われのいじめ問題」・50

（3）　「報道バイアス」・50

（4）　「『いじめ自殺』という物語」・51

2．マスメディアとネット社会・53

（1）　「いじめ物語」からの解放・53

（2）　マスメディアとクレーム問題・54

（3）　「ネット社会」とクレーム問題・56

3．「サービス業化」の進行・58

（1）　「ハラスメント」と「クレーム」・58

（2）　保護者クレームとカスタマーハラスメント・59

（3）　教育の「サービス業化」・60

（4）　「サービス業化」が生み出すクレームへの対応・61

4．行き過ぎた「心理主義化」・62

（1）　クレーム増加の裏に潜む「子供天使論」・62

（2）　行き過ぎた「子供天使論」・63

（3）　行き過ぎた「心理主義」・64

（4）　「これまで」の糧を「これから」に活かす・65

第2部 「これから」を切り拓く

§1　保護者との協働関係を築く

1．3つの「先」で「己」を開く・71

（1）　保護者との相互理解を深める・71

（2）　「技」より「心」が先・71

（3）　「客観的事実」より「心理的事実」が先・73

（4）　「マイナス面」より「プラス面」が先・74

2．3つの「R」で「心」を掴む・76

（1）　保護者との人間関係を培う・76

（2）　リスペクト（尊敬・尊重）・76

（3）　リレーション・82

（4）　リソース・84

3．「A・B・C」で「力をあわす」・86

（1）　保護者との連携協働を進める・86

（2）　アドラー心理学・87

（3）　ブリーフセラピー・89

（4）　コーチング・91

§2　保護者とともに「脱いじめ」へ

1．いじめ問題クロニクル・95

（1）　いじめ問題の「4時期」・95

（2）　第Ⅰ期：「仕返し事件多発期」（〜 1970 年代後半）・97

（3）　第Ⅱ期：「校内暴力混在期」（1970 年代後半〜 1980 年代半ば）・97

（4）　第Ⅲ期：「社会問題化期」（1980 年代半ば〜 1990 年代）・98

（5）　第Ⅳ期：「法化社会化期」（2000 年代半ば〜）・99

（6）　いじめ問題の現代的課題・100

2．「いじめ問題」の危機管理・102

（1）　3つの「危機管理」サイクル・102

（2）　「いじめ問題」のリスクマネジメント・103

（3）　「いじめ問題」のクライシスマネジメント・106

（4）　「いじめ問題」のナレッジマネジメント・109

3．「いじめの重大事態」への取り組み・110

（1）　重大事態の定義・認知件数・110

（2）　重大事態の調査・112

（3）　調査委員会・事務局と保護者・115

（4）　保護者に「寄り添う」・116

4．保護者と守る「子供の最善の利益の保障」・117

（1）　ナレッジマネジメントに基づく留意点── 100 の点検・117

（2）　自死問題の阻止・125

§3　保護者とともに「不登校」に取り組む

1．「不登校問題」クロニクル・129

（1）　「不登校問題」の現状・129

（2）　「平準期」：治療対象としての不登校・132

（3）　「増加期」：数々の取り組みと「学校要因論」の台頭・133

（4）　「急増期」から「高原期」へ：「不登校物語」序章・134

（5）　「再増期」：「不登校物語」の完成に向けて・135

2．「不登校物語」の完成・140

（1）　「不登校論争」の終焉に向けて・140

（2）　「学校外対応」の系譜・143

（3）　「不登校物語」の完成へ・146

（4）　COCOLO プランによる「不登校物語」の完結・147

　3．「6つの力」を解きほぐす・149

　　（1）　不登校の要因・背景と「解決への道筋」・149

　　（2）　「不登校をめぐる力」の変遷・149

　　（3）　家庭が子供を押し出す力―①・151

　　（4）　学校が子供を惹きつける力―②・151

　　（5）　学校が子供を阻む力―③・152

　　（6）　家庭が子供を引き寄せる力―④・153

　　（7）　本人の特性等から生じる力―⑤・155

　　（8）　学校外の施設等に向かう力―⑥・156

　4．保護者と進める「不登校からの脱却」・157

　　（1）　不登校児童生徒への支援・157

　　（2）　保護者との「協働」の必要性・158

　　（3）　「児童生徒理解・教育支援シート」の活用・159

　　（4）　保護者への支持・支援・161

§4　「クレーム」から「クリエーション」へ

　1．保護者クレーム問題の「これまで」と「これから」・167

　2．保護者クレーム問題といじめ問題・168

　3．保護者クレーム問題と不登校問題・169

　4．保護者との連携協働の機会の減少・171

第1部 「これまで」を振り返る

「保護者クレーム問題」小史

1.「クレーム」問題の発生

　「クレーマー」という用語が広く用いられるようになったのは、1999年に起こった「東芝クレーマー事件」からでした。これは、ビデオデッキを購入したユーザーが修理を依頼した際、「応対が悪かった」と、その経緯をウェブページで公開したことが発端となって、その抗議の模様が世に伝えられたのです。

　前兆は数年前から見られ、PL（製造物責任）法の施行（1995年）、「旅行業法」の改正（1996年）、「改正児童福祉法」の施行（1998年）等により、「物言う市民」誕生の下地が整えられ、製造業やサービス業等の民間企業、医療・福祉関連事業等、あらゆる業種で消費者（市民）としてのクレームが一般化していったと言われます。

　経済不況時代に入り、公務員や「先生」と呼ばれる医師・教師等への「風当たり」が強くなったうえ、地域社会の崩壊が進み苦情・要求の「ガス抜き」的役割を担えなくなったことや、校内暴力の激化等を目の当たりにして育った保護者世代には、学校・教師への畏敬心が薄れていったことが背景にあると考えられます。

　『医療崩壊』（朝日新聞社、2006年）に続き、『医療の限界』[1]を著した小松秀樹氏は、同書のなかで過酷な労働条件に加え、患者の暴力やクレームのため、看護師の退職等が大きな問題になっている実態を伝えています。働き方改革が求められ、クレーム問題や教員志望者の激減問題を前に立ち尽くす現在の教育現場と重なる記述が続きますが、「あとがき」には、こう記しています。

　「崩壊しているのは、医療だけではありません。教育現場の崩壊は医療よりもっと大きな問題です」。

2.「保護者クレーム問題」第Ⅰ期：保護者クレーマーの誕生

　半世紀以上前（1966年）にILO（国際労働機関）・ユネスコが採択した勧告文には、「教員は、本来教員の専門職上の責任である問題について、父母による不公正または不当な干渉から保護されなければならない」とあります。今日のクレーム問題を予言するかのような文章です。

　保護者による過剰なクレームが問題となったのは、平成10（1998）年の中央教育審議会答申で、「自子主義」（自分の子だけがよければよいという考え方）という造語が使われ、「他人の気持ちを思いやれず、極端な場合は他人に迷惑をかけることさえ気にしない親が目立つ」と厳しく指摘された頃からと言われます。

　そうした親の理不尽な学校バッシングの実態を赤裸々に描いた『バカ親につける薬 ──子供と学校をダメにする本当の原因』[(2)] が発刊されたのもこの年のことでした。「バカの一つ覚えよろしく学校や教師に罪をスリつけることは簡単だ。なぜなら、学校や教師は、いつだってそうした批判を黙って受け止めるし、滅多なことで反論などしないから。しかし、その積み重ねの結果が、現在の惨状ではないだろうか」と、義憤やるかたないという筆致で「現在の惨状」を明らかにしています。

　「学校（教師）へのクレームが増え始めたのは1990年代半ばから」というのが定説となっていますが、バブル崩壊（1992年）、不登校の社会問題化（1995年）、中央教育審議会「ゆとり・生きる力」答申（1996年）、失業率・自殺者数の増加（1998年）等、社会や教育の動きとの関連が注目されます。

3.「保護者クレーム問題」第Ⅱ期：モンスターペアレントの出現

　「子供の素行が悪いのは学校のせいと校長を脅した母親、暴行・

脅迫で逮捕される」「生徒会選挙に因縁をつけ5年間にわたり校長から2,000万円脅し取る」等、1980年代にもクレーム問題にかかわる事件報道はありましたが、「保護者クレーム」と一括りにして論じられるようになったのは、2000年代に入ってからです。

バラエティ番組では、「集合写真はわが子を真ん中に」「うちの子だけは特別な給食を」等の要求がおもしろおかしく取りあげられ、筆者も何度かテレビ局で末席を汚すことになりました。教育雑誌の特集にも「親が変わった」「問題の親」等が取りあげられ、『子供より親が怖い――カウンセラーが聞いた教師の本音』[3]という書名の本も発行されました。

保護者の要求が肥大化したり、その手法が先鋭化したりするなか、校長・担任が80万円の恐喝被害にあう（2005年）等、教師への違法行為（恐喝・監禁・暴行等）が増加するとともに、教師の精神疾患による病気休職者・退職者の増加や自死問題が社会問題化していきました（図1）。2006年には東京都で2名の若い女性教師が自ら命を絶ちました。

図1　公立学校教職員の精神疾患休職者数

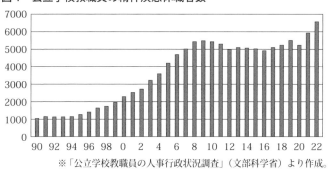

※「公立学校教職員の人事行政状況調査」（文部科学省）より作成。

この時期の象徴的な出来事が、「教師いじめ」としてマスコミに扇情的に報じられた「でっちあげ」事件（2003年）でした。この経緯を同名のルポタージュ[4]にまとめた福田ますみ氏は、「戦犯」として、「子供は善、教師は悪という単純な二元論的思考に凝り固

まった人権派弁護士、保護者の無理難題を拒否できない学校現場や教育委員会、軽い体罰でもすぐに騒いで教師を悪者にするマスコミ、弁護士の話を鵜呑みにして、かわいそうな被害者を救うヒロイズムに酔った精神科医」とともに、「クレーマーと化した保護者」をあげています。

この頃、苦情や要求のやり方は過激となり、向山洋一氏は「不当、不可解な要求を次々に突きつけ」「長時間怒鳴り散らし、昼夜を構わず電話をかける」親を「モンスターペアレント」[5]と命名し、このような親によって「学校は壊れつつある」と警鐘を鳴らしました。

モンスター（怪物）という表現には異論もありましたが、教育界だけでなく、あらゆる業種・分野で理不尽な苦情・要求（クレーム）に悩まされていたという背景もあって、このような厳しい表現が受け入れられやすい土壌が形成されていたのかもしれません。しかし、保護者と教師は対立する関係ではなく、子供の成長を支援するパートナーですから、その後、この用語の使用は減少しました。

4. 「保護者クレーム問題」第Ⅲ期：「セカンドステージ」

新任教師の自死事件や教職員の精神疾患による休職・退職者の増加等が報じられるようになると、ニュース番組を筆頭にその報道姿勢には徐々に変化が見え始めました。理不尽な苦情や過度な要求に疲弊する教職員の実態が少しずつ明らかになっていったのです。

2000年代に保護者クレーム問題が増加したという公式な統計はありませんが、クレーム問題に関する教育書の発刊数は、2000年代に入り年々増え続け、2008年にピークを迎えました[6]。これも傍証の一つですが、教職員が保護者から損害賠償を求められる事案の増加とともに、弁護士費用や損害賠償金を賄うための「訴訟費用保険」への加入者が激増していきました。

このような状況のなか、教育再生会議第二次報告（2007年6月）では、教師に代わって弁護士等が対処する「学校問題解決支援

チーム」（仮称）の設置が提唱され、「学校や教員に対して一部の保護者が無理難題を課すなど、日常の学校運営において、一人の教員や学校では対応・解決することが難しいケースが生じている」（「教育相談等に関する調査研究協力者会議報告書」2007年7月）との認識のもと、文部科学省は支援チーム導入に向けた動きを強めました。

「学校法律相談制度」（東京都港区）、「小中学校の現場支援プロジェクト」（大阪市）、「学校問題解決支援チーム」（各地）等、先進的な取り組みも見られましたが、「学校法律相談制度」を推進した網取弁護士は、発足後半年間の状況を、「これまでの相談案件のほとんどが、真に将来ある子供のためにという視点を欠いており、（中略）ここには子供を叱りつけることなど想像もつかない教育現場が浮かび上がると共に、正しい教育を受ける権利を有する子供にとっては、正に悲劇という他はない状態にあると見られます」[7]と報告しています。

各教育委員会でもさまざまな対策に乗り出しました。その中核となったのが「手引き書」の作成です。その多くは「保護者との良好な人間関係を築く」「豊かな対話を通して」「健やかな子供の成長のために」等の副題が付けられ、「保護者の言い分に耳を傾けましょう」が対応策の主眼とされました。

変化が現れたのは2010年。東京都教育委員会発行の「学校問題解決のための手引き」（「保護者問題」ではなく「学校問題」ですが）では、「対応が困難な事例」に対する「関係機関との連携の必要性」が明記され、横浜市教育委員会が作成した「保護者対応の手引き」では、「『困難な要望・要求』等における応答例」のなかに「違法行為は警告なしで警察への通報」と記されるなど具体的方策が示されました。大阪府教育委員会の「保護者等連携の手引き」には、小野田正利・大阪大学教授執筆の「対応が困難になるケースを見てきて」が載せられました。

これより少し前（2005年）には、同氏が中心となり、日本学術

17

振興会の交付を受けて「学校保護者関係研究会」が発足していました。創設に当たり、遠方までわざわざ足を運んでくださり、「保護者と敵対するのでなく、良好な関係を築くための方策を早急にできるようにしたい」と熱く語ってくださった姿が昨日のことのように鮮明に思い出されます。

　研究会は通称「イチャモン研」と呼ばれました。学校がやるべきことに対するまっとうな要求を「要望」、学校がある程度は対応すべき要求を「苦情」、学校がどうにもできない要求を「イチャモン」（無理難題要求）としたため、モンスターという用語については、「この言葉はとんでもない人格否定の意味をもち、結局は保護者と向き合う教職員の気持ちさえ萎えさせていく危険な用語」[8]としました。

　このような取り組みの結果、学校や教育委員会では理不尽クレームへの基本的な対処法を身に付け、そのノウハウは広く共有されるようになり、「ボタンの掛け違い」から生じる保護者と教師の小さな確執は減りましたが、クレームそのものが減少したわけではなく、厳しい対応を迫られる事案の困難性がより鮮明になりました。

　このような状況を「2010年頃を境に苦情とその対応姿勢に大きな変化がみられるようになった」と捉え、これを保護者クレーム問題の「セカンドステージ」と命名した古川治氏らは、その理由を次の5点にまとめています[9]。

⑴　経験を通して、学校組織としてクレーム危機管理力を身に付けた。

⑵　学校や教員側が「クレーム対応シフト」を整えた。

⑶　専門機関（家）との連携による困難事案への対応が可能になった。

⑷　教員の精神疾患による病気休職者数が増加した。

⑸　教師が保護者を提訴するという新たな事案が生じた。

5. 「保護者クレーム問題」第Ⅳ期：「保護者との協働」への道

　保護者クレーム問題は、「大きな社会問題」からは一端離れかけたと思われましたが、近年、困難事例の増加が懸念されています。司法・医療・福祉等が一丸となって取り組まなければならない「困難事例」は、いじめ問題や不登校問題の社会問題化と軌を一にするかのように増え続けているのです。「『むずかしい親』といかに良好な関係を結んだらよいか、新たなステージへの突入を感じる」[10]と書いたのは6年前ですが、今、その思いはいっそう強くなりました。

　家庭的・経済的問題等の影響も受け、保護者自身が抱える問題が多様化・複雑化している状況に加え、「法化社会」の到来が大きく影響しているように思えます。「文科省や教育委員会は、学校が法的スキルを身に付けることの施策を講じ、明確に学校がいじめ問題で対応し発言する指針を打ち出していかないと、現場の混乱が続き、学校現場が疲弊していくでしょうね」[11]という瀬戸則夫・弁護士の指摘に早急に対応しなければならない状況にあるのです。

　本稿執筆中も、全く面識のない方から「息子がいじめの重大事態の加害者とされ、家族がパニック状態に陥っている」との相談を受けました。多くの方は「重大事態」を「自死につながりかねない酷いじめ」と理解されていますが、この事例も「睨まれた」「自慢された」というもので、社会の認識とは大きく乖離したものでした。

　一家心中も危惧される状況に慌てて「介入」しましたが、今回も、被害・加害を対立的に固定し、「言ったもん（被害を訴えた側）勝ち」の状況に危機感を強めました。「いじめの重大事態の調査に関するガイドライン」（文部科学省）では、被害を訴える側の申立てがあったら「重大事態」として調査をすることになっています。

　このため、成績の上乗せや進級・卒業の確約を迫ったり、わが子のライバルに打撃を与えたり、慰謝料として金銭を要求したりする

等の「いじめ利得」（いじめ被害を訴えることで何らかの利益を得る）が増えています。今回の相談事例のように、保護者間の確執からわが子に不登校を強い、重大事態として相手を攻撃することもあります。

「法化社会」のなか、学校が法的対処に精通するよう努めることは大切ですが、「『過去』を辿り、白黒を明確にして、黒の『責任』を問い断罪する」司法の論理に、「『未来』に向け、灰色を良しとして、双方の豊かな『成長』を促す」教育の論理が徐々に浸食されている現状を看過するわけにはいきません。

「いじめ対応における課題」[12] に載せられた「いじめ対応で最も苦労していること」を問う教師アンケート（2021年）では、小学校（66.8%）、中学校（62.3%）、特別支援学校（62.8%）の第1位は「保護者対応」でした（高等学校は50.3%で第2位）。

学校・教職員が保護者対応に苦慮していることに変わりはないと判断されます。とくに、いじめ問題や不登校問題等の生徒指導上の課題への取り組みにおいては、「子供の最善の利益の保障」をめざして協働しなければならない学校・保護者が、「大人の最悪の利害の相克」を繰り広げる事案が目立ちます。「法化社会」における、このような状況は「クレーム問題のサードステージ」と呼んでもよいかもしれません。

「教育は、家庭の教えで芽を出し、学校の教えで花が咲き、社会の教えで実を結ぶ」（幡羅高等小学校「家庭心得」1898年）と言われますが、学校が「芽吹き」を手助けし、家庭の協力を得て「花を咲かせ」ることが求められています。問題の解決・課題の実現をめざすには、家庭（保護者）と学校（教職員）が手を取り合い、スクラムを組んで全力で取り組まなければなりません。この連携協働がうまくいかなければ「実を結ぶ」ことはできません。「社会」の出番です。

ここ数年、生徒指導をめぐる諸課題は件数の増加とともに、多様化・深刻化の度合いを増しています。なかでも、いじめ・不登校は

増加の一途をたどり、問題の解決・課題の実現をむずかしくさせています。

　この突破口となり得るのが「保護者との協働」にあると思います。これまでのように、家庭と学校を二項対立的に捉えていたのでは、協働関係を構築することはできません。さまざまな社会問題が混在し、法律の論理を最優先させる「法化社会」にある現在、「これまでの」保護者クレーム問題を総括し、「保護者との協働」に邁進しなければなりません。

　このためには、「これまでの負の遺産」を払拭する必要があります。今なお、「オイ・コラ」式の生徒指導がまかり通っていたり、教職員の不祥事が続くようであれば、児童生徒だけでなく保護者の信頼を得ることはできません。一方、理不尽な学校バッシングが繰り返されたり、学校の「サービス業化」を進めたりする社会風潮には歯止めをかける必要があります。

　今求められているのは、「過去の教訓」からの学び直し、保護者と学校の協働を後押しする社会の実現です。

〈注〉
（1）　小松秀樹『医療の限界』新潮社、2007年。
（2）　ティーチャー浜方『バカ親につける薬——子供と学校をダメにする本当の原因』ダイヤモンド社、1998年。
（3）　諸富祥彦『子供より親が怖い——カウンセラーが聞いた教師の本音』青春出版社、2002年。
（4）　福田ますみ『でっちあげ——福岡「殺人教師」事件の真相』新潮社、2007年。
（5）　向山洋一『教室ツーウェイ』2007年8月号、明治図書。
（6）　嶋﨑政男『学校崩壊と理不尽クレーム』集英社、2008年。
（7）　網取孝治「学校、教育問題について弁護士からの提言」『日本教育』2008年1月号、日本教育会。
（8）　小野田正利『親はモンスターじゃない——イチャモンはつながるチャンスだ』学事出版、2008年。
（9）　古川治編著『学校と保護者の関係づくりをめざすクレーム問題——セカ

ンドステージの保護者からのクレーム対応』教育出版、2013年。

（10）　嶋﨑政男「むずかしい親との付き合い」『こころの科学』197号、日本
　　　評論社、2018年。

（11）　小野田正利『先生の叫び 学校の悲鳴』エイデル研究所、2015年。

（12）　千葉県教育委員会「いじめ防止等の取組実施状況」『千葉県いじめ対策
　　　調査会配布資料』2021年7月。

生かされなかった「過去の教訓」

1.「子供と向き合う時間」の確保

（1）　教育改革と教師の長時間労働

　1990年以降の「保護者クレーム」激増の背景には、教育問題だけでなく、社会全体の動きも注視する必要があります。政治や経済の動向ともけっして無縁ではありません。社会全般に広がる閉塞感、経済格差の拡大による不平等感、顧客満足サービスを求める風潮等、クレーム増加の素地の地固めは進んでいました。

　教育に目を転じると、1996年に中央教育審議会答申が出されて以降、「ゆとりと充実」という教育の根幹に係る議論が白熱するなか、学校週5日制、学校選択制、小中・中高一貫教育、学校運営協議会、人事考課制度、学校評価システム等、教育制度改革は着々と進められていきました。

　なかでも、教師への統制強化は保護者クレーム問題と直接かかわるものでした。副校長・主幹教諭・指導（主任）教諭を新たに設けた「職制の強化」、学校評価に保護者・生徒・学校評議員等を加えた「評価の強化」、人事考課制度、教員免許更新制、指導力不足教員の認定等による「人事管理の強化」は「3つの統制」と呼ばれました。成果をあげたものも多々あります。しかし、「失われたもの」も少なくありません。成果主義システムの弊害を訴える声や、同僚性が育ちにくくなった職場の雰囲気を慨嘆する声は各地で聞かれました。なかでも、最も憂慮されたのが「教師の多忙化」の進行でした。

　他業種と比べ群を抜いて長い労働時間は、『教師崩壊──先生の数が足りない、質も危ない』[1]をはじめ、多数の研究者等から指摘されています。「教員が直面する最大の問題は多すぎる仕事量で

あり、それが長時間労働、心身の健康問題、教育活動への意欲低下などのさまざまな現象を生み、ひいては教員採用試験の志願者の減少、さらに教員への信頼感の低下をも招いていると断言できる」[2]との現状には、早急の対策が必要です。

それだけではありません。小野田正利氏は、『悲鳴をあげる学校──親の"イチャモン"から"結びあい"へ』[3]のなかで、「ここ数年の国が主導する『教育政策』の質的変容が、教師不信・学校不信を生み出し」ていることを、保護者クレーム急増の理由の一つにあげ、教育が「公共サービスではなく、私的なものとして切り詰めさせていく方向性」に向かうことを「予言」しています。20年近く前の見解です。まさに、「慧眼恐るべし」です。後述しますが、最近の不登校関連の施策に「予言的中」を感じます。

(2) 教員の「働き方改革」

「DX（デジタル・トランスフォーメーション）」「STEAM教育」「SDD」等、教育雑誌には毎月のように新たな教育用語が登場します。学習指導要領が改訂される度に、指導目標・内容・方法・留意点等が示され、その理解・修得に多大な時間を要することがあります。教育制度等の変更があると、溢れるようにさまざまな法律、通知、手引き等が出され、その周知徹底が求められます。

新たな時代・変化する社会に即応するため、教育施策の振興は好ましいことですが、そのスピードたるや、非常に激しいものがあり、学校現場はその定着に青息吐息になることがあります。そうした状況には、保護者からも厳しい意見が寄せられます。「ICTの活用が少ない」「○○教育に取り組む姿勢が弱いのではないか」等々。

教師の仕事は教育課程の進行だけに限られません。学校運営を円滑に進行するための業務は多岐にわたります。「今、教師がピンチです。どの先生も、毎日のあまりの忙しさ、仕事量の多さに、精神的にも肉体的にも追いつめられています」[4]との表現はけっしてオーバーとは言えません。

このため、令和元（2019）年1月、「働き方改革」に係る中央教

育審議会答申[5]が出され、「"子供のためであればどんな長時間勤務も良しとする"という働き方の中で、教師が疲弊していくのであれば、それは"子供のため"にはならない。学校における働き方改革の目的は、教師のこれまでの働き方を見直し、自らの授業を磨くとともに日々の生活の質や教職人生を豊かにすることで、自らの人間性や創造性を高め、子供たちに対して効果的な教育活動を行うことができるようになること」がめざされました。

　校内での業務の明確化・適正化や外部人材の活用等が進められ、「チーム学校」やメンタルヘルスの保持への理解が深まってきたこともあって、その成果が感じ取れるようになってきましたが、校内での業務分担の格差や学校間での取り組みに温度差も見られ、時間外労働時間の短縮等の課題の達成に及んでいない状況も散見されます。

　2022年度の文部科学省の調査では、「過労死ライン」と言われる月80時間以上の残業は、中学校教諭の約4割が行っている実態が明らかにされています。答申では、勤務時間管理や労働安全衛生管理の徹底等が盛り込まれましたが、「笛を吹く」とともに、「踊れる環境」（人・物・金）づくりが求められます。

（3）「子供と向き合う時間」の確保

　前述した中央教育審議会答申は、「『子供のため』と疲弊するようなら、それは『子供のため』になっていませんよ」というメッセージで始まっています。通読すれば叱咤激励だけでないことが分かりますが、教師にとって、「子供のため」は究極的な目的であり、働く意欲の原動力となるものです。何を置いても「子供と向き合う時間」を確保し、「子供のために」尽力したいと願うのは「教師魂」とも言うべきものです。

　同答申の「業務の明確化・適正化」のくだりでは、「基本的には学校以外が担うべき業務」に、「放課後から夜間などにおける見回り」「児童生徒が補導された時の対応」が入っています。しかし、このようなときこそが、児童生徒や保護者との信頼関係構築の大き

なチャンスとなり、「効果的な教育活動」につながるものです。

　地域の祭りや盆踊りの会場で出会った子供の嬉しそうな表情や、PTA活動を共にしたときの保護者とのとりとめのない雑談の思い出。そうした体験で「疲弊」することはありません。言葉を交わしたことのない保護者からの苦情や不満の声を耳にするときのほうが、心理的疲弊はかさみます。

　「児童生徒や保護者と直接かかわる機会を大切にする」ことは、長い間の体験を通して、学校が地道に積みあげてきたことです。このような時間を確保するために何ができるのかを提言することが有識者の役割、いや責任と言えるでしょう。

(4)　教員志望者の減少問題

　教員志望者の減少、それに伴う教員不足が問題となっています。

　図1は、文部科学省が毎年実施している調査を基に志願者（受験倍率）の推移をまとめたものですが、平成12（2000）年の13.3倍をピークに、毎年過去最低を記録しています。令和5（2023）年は3.4倍で最大値の4分の1にまで減少したことになります。とくに小学校教員の志願者の減少が大きく、2.3倍にまで落ち込みました。

図1　公立学校教員採用選考試験受験者の倍率

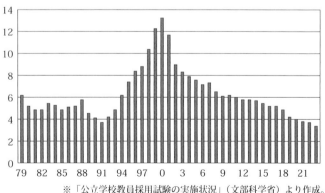

※「公立学校教員採用試験の実施状況」（文部科学省）より作成。

　中学校での校内暴力が社会問題化した1980年代でも、教員志願者の倍率は5倍を維持していましたから、現在の「教員離れ」の現状は深刻に捉える必要があります。その要因として長時間労働や保護者対応があげられますが、介護職員やドライバー等の志願者減少などとともに、社会全体を見据えた構造的な分析が求められます。

　「教員の仕事の『ブラックな』イメージが拡散され、教職を敬遠する学生が目立っている」状況を懸念した山岡賢三氏は教職課程の授業に「保護者との良好な関係づくり」という講座を開き、その結果をまとめています。受講前のアンケートで「『保護者対応』に不安を感じる」と答えた学生は約82%（「とても感じる」と「感じる」の合計）にのぼり、授業後の「教師になる前に『保護者対応』に関する授業があった方が良いと思うか」という問いに、100%の学生が「はい」と回答したと報告しています[6]。

　「保護者クレーム問題」の困難さと教職志望者の減少との相関関係は明らかです。毎年、いくつかの大学で「保護者対応」に係る講義を受け持たせていただいていますが、真剣な眼差しや途絶えることのない質問には驚きを禁じえません。

〈注〉
（1）　妹尾昌俊『教師崩壊——先生の数が足りない、質も危ない』PHP研究所、2020年。
（2）　朝比奈なを『教員という仕事——なぜ「ブラック化」したのか』朝日新聞出版、2020年。
（3）　小野田正利『悲鳴をあげる学校——親の"イチャモン"から"結びあい"へ』旬報社、2006年。
（4）　諸富祥彦『いい教師の条件』SBクリエイティブ、2020年。
（5）　中央教育審議会「新しい時代の教育に向けた持続可能な学校指導・運営体制の構築のための学校における働き方改革に関する総合的な方策について（答申）」2019年。
（6）　山岡賢三「令和4年度教職実践演習ミニ講座『保護者との良好な関係づくり』アンケート調査報告」2023年。

2. 生徒指導の基本姿勢の混乱

(1) 生徒指導の基本姿勢

　保護者からの苦情・要求は、生徒指導にかかわる内容が最も多いと言われます。指導方針・内容・方法をめぐっては、疑問、反論、抗議の声があがるだけでなく、訴訟となるケースも散見されます。学校としての生徒指導方針の揺らぎがその大きな要因と考えられます。

　半世紀以上前に作られた「生徒指導の手びき」[(1)] の「第2章 生徒指導の原理」には、「なお社会化されることを続けながら、自覚的存在として自主的に自己の人生目標を選択、設定し、追求していく過程にある存在として生徒をとらえる」とあり、「自主性」を尊重されながらも「社会化」される存在としての生徒像を描いています。

　それから22年後、「自由という美名のもとに抑圧からの解放のつもりで、子供の自主性を尊重しても何も生まれようがない。創造性や自主性というのは既存の事実や観念にふれつくしたところから生じるものである。無から創造性や個性は出てこない」[(2)] との主張に、再度、「大人としての適切なはたらきかけがあって初めて『自主性』を尊重できる」との確信を持つことができました。

　さらに36年経ち本稿執筆中、「『自主性を重んじる』という言葉は、自主性を身につけさせたい子供たちに対して、その環境を整えたうえで、自主性を身につける方法をきちんと教えることによって確立できるもの」[(3)] との文章が目に留まりました。

　「生徒指導提要」[(4)] では、「個人の価値を尊重して、その能力を伸ばし、創造性を培い、自主及び自律の精神を養う」（教育基本法）を踏まえて、生徒指導を「児童生徒が、社会の中で自分らしく生きることができる存在へと、自発的・主体的に成長や発達する過程を支える教育活動」と定義しています。「『自主性・支持』が『一人歩き』してはいないか」との懸念の声を仄聞しますが、教育基本

法にある「伸ばし」「培い」「養う」という文言は生きています。「生徒指導の手びき」以来の基本理念は踏襲されています。

このような一貫した指導方針があれば、生徒指導に係る保護者クレームは減少するはずですが、その方針が揺らぐときがあります。中学校の校内暴力期がそうだったと言えるでしょう。この時期にはもう1点、「厳しい指導」をめぐって百家争鳴の議論が沸き起こったことがありました。

妊娠中の女性教師や年配の教師に対してまでも、執拗な暴力の限りを尽くすなど、身勝手極まりない暴挙が繰り返された校内暴力期でさえ、「非なる行為には厳正に対処する」との方針に、「『腐ったミカン』の排斥は人権侵害」との声があがり、保護者をも巻き込んだ論争が繰り広げられました。

「『腐ったミカン論』。この言葉ほどレトリックに満ちたものはありません。誰もが他の者が代わることのできない『かけがえのない存在』です。『腐ったミカン』に譬えられようはずがありません。ひどい比喩を用いておきながら『腐ったミカンを排除するとは何事か』との強弁は詭弁です」(5)。この思いは今なお微動だにしていません。

校内暴力が落ち着きを見せ始めた頃には、数々の実践記録が報告されました。その多くは、「『いけないことはいけないと要求するきびしさ』と『非行の奥にひそむ、その子の痛みや苦悩をくみとり、温かくはげますやさしさ』を根本原則とした」(6)等、「厳しさと温かさ」を兼ね備えた指導の成果を認めたものでした。

これこそが「不易」の生徒指導の基本姿勢です。子供の立場に立って「子供の気持ち（心理的事実）」を理解したら、大人の立場に戻って客観的事実を評価・支持したり、（誤った言動等は）しっかり伝えたりすることが「生徒指導の基本姿勢」と言えます。

このような姿勢で生徒指導を展開できれば、保護者クレーム問題は減少の一途を辿ったはずでしたが、生徒指導における教育相談の役割、校則問題、懲戒・体罰・指導死問題、いじめ問題等では、学

校へのクレームが減る気配が見えていません。以下、検討します（いじめ問題は「第2部§2」）。

(2) 生徒指導と教育相談

　長い間、いや、ひょっとすると今でも、生徒指導は訓育的・管理的、教育相談は受容的・援助的と捉えている教職員・保護者がいるのではないでしょうか。「北風と太陽」「検事と弁護士」と比喩されることもあります。

　校内暴力全盛期、先輩教師2名が過労のために亡くなった年がありました。遅くまで続く会議の後、担任する生徒の家に立ち寄ってから帰宅する日が続きました。「鉛のサンダルを履いての通勤」。そんな言葉が流行語のようになっていましたが、最も辛かったのは、いわゆる「生徒指導」派と「教育相談」派の「対立」でした。

　「非は非として厳しい対処を」対「まずは生徒の心を受け止めて」。事あるたびに衝突します。当時、要改善箇所の指摘を受けた真っ赤に染まった逐語録を手に教育相談を学んではいましたが、シンナーを吸引して暴れる生徒に正対しようとしない「教育相談」派に与することはできないでいました。

　まるでイソップ物語のコウモリのようでしたが、生徒の言い分には耳を傾け、おっかなびっくりでしたが、非なる行いは許さない姿勢を貫こうとしました。「温かさと厳しさ」を兼ね備えた先輩教師の後を追いかけていたというのが本当のところでしたが。

　校内暴力終息後、この姿勢を理論的に後押ししてもらえました。昭和61（1986）年、「葬式ごっこ事件」を受けて、東京都教育委員会は総力を挙げて手引[7]を完成させました。そのなかに、「『客観的事実』とともに、いじめる側の『心理的事実』に耳を傾ける姿勢が特に強く求められる」とありました。「これだっ！」。今までもやもやしていたものが一気に吹き飛びました。

　気持ち（心理的事実）は受け止めるが、非なる言動（客観的事実）には厳正に対処する。大学時代読み漁ったフロイトの本のなかにも、「心的事実」「客観事実」という言葉があったことを思い出し

ました。「自分だけの心の中にある『心理的事実』は誰も干渉できないし、尊重されなければならない。しかし、他者に影響を与える『客観的事実』は、誰かを傷つけたりした場合には正さなければならない」。後に、「正さなければならない」は「きちんと伝え自己決定を促す」に変わりましたが、その頃はそう考えていました。

当時を振り返ると、「教育相談」派と言われた人々は、「心理的事実」の理解に没頭するあまり、他者の心身の安全を脅かす「客観的事実」への対処が不十分になってしまっていたと思われます。「『カウンセリング教育』と『カウンセラー教育』を識別しなかった」[8]ことが遠因にあったのでしょう。

なお、「生徒指導の手びき」では、生徒指導における教育相談の役割に言及し、教育相談を担当する教師に、「人格的特性と知識・技術」を求め、「人格的特性」を、「人間的な暖かみをもち、自己を受容し他人を受容する態度が成熟していること、こどもに対する愛情と信頼感が豊かで、忍耐力に富む」としたうえで、もっとも重要なこととして「実践家でなければならない」としています。

この記述からも、生徒指導と学校教育相談の一体化を感じます。

(3) 校則問題

「ブラック校則」という新語の登場で、校則問題がクローズアップされました。「下着の色は白」等のマスコミ報道には驚きました。昭和40（1965）年にはすでに「下着検査反対で授業放棄」との新聞報道がありましたし、1979年代の頭髪制限・バイク「3ない運動」論議を経て、1980年半ばには、文部省、臨時教育審議会、日本弁護士連合会等も巻き込んだ「校則見直し論争」が激化しました。

校則論議は数十年も前から綿々と続いてきたのです。「不易」の問題であるにもかかわらず、「流行」のごとく扱われる実態に、学校の遅々たる動きを慨嘆せずにはいられません。つい先日も「靴下の色、紺色も認める」との大きな見出しを目にしました。浦島太郎の心もちでした。

「生徒指導の手びき」では、「集団生活においては成員相互の利益

を確保し、相互作用を効果的なものとする」と、校則指導の鉄則が明確に述べられています。

半世紀も前から、指導の意義が明確に伝えられていたにもかかわらず、そのあり方をめぐって今なお児童生徒や保護者から非難の声があがることは、学校の怠慢と言われても仕方がないことです。「日本の学校は生徒指導を一つの機能として抱えていることから、苦情の受け口としておかれ、際限なく無理難題をも受け入れざるをえなかった」[9]という事情もありますが、「過去の教訓」が生かされなかった点は残念なことです。

(4) 懲戒・体罰・指導死問題

「6過多指導」[10](「指導者」「時間」「詰問」「追及」「反省の強要」「罰」の過多)は今なお散見されます。「生徒指導提要」には「不適切な指導と考えられ得る例」が示されています。保護者からのクレームという観点からではなく、児童生徒に心理的痛手を与える「大失態」であるとの自覚が求められます。

しかし、この教訓は十分に生かされたとは言えません。「指導死」は、教師の指導による子供の自殺を意味しますが、同名書には「多くの『指導死』遺族は、子供の自殺が起きてからずっと、その『なぜ』と向き合っています。私たちの目の前から離れないその『なぜ』と、ぜひ向き合って欲しいのです」[11]とあります。しっかり向き合うためには、「過去の教訓」を生かすことが重要です。

懲戒の根拠は、学校教育法第11条に「校長及び教員は、教育上必要があると認めるときは、文部科学大臣の定めるところにより、学生、生徒及び児童に懲戒を加えることができる。ただし、体罰を加えることはできない」と定められていることにあります。

学校教育法施行規則第26条では、「懲戒を加えるに当たっては児童等の心身の発達に応ずる等教育上必要な配慮をしなければならない」と規定し、その後の通知等でも「教育的措置」であることが繰り返し強調されています。

懲戒決定までには少なくとも次のステップを踏む必要があります。

①当該児童等の立ち直りをめざした指導を真摯に行う。

②警察等、関係機関の支援を得て問題解決にあたる。

③事実関係、他児童等への影響等、質・量ともに十分な資料を揃える。

④当該児童等および保護者等から事情や意見をよく聴く。

⑤「公平性・比例原則（目的と手段の均衡さを求める原則）を踏まえた議論」を尽くし、懲戒の適否・程度の判断に役立てる。

⑥当該児童等への処分内容・理由の告知を適切に行う。

⑦当該児童等に反論・弁明の機会を保障する。

⑧児童等に対する事後指導をていねいに行う。

⑨処分の効果と処分の見直しを行う。

⑩地位確認の仮処分に対する対応策を策定する。

　処分取り消しを求める訴え等、懲戒と保護者クレームの関係は深く、訴訟になることも少なくありません。「弁明の機会」を与えなかったことで処分取り消しの判決が下される例などがあります。ナレッジマネジメント（他校で起こったことを全教職員で共通理解して、同様の事案発生を防ぐ取り組み）の充実を図ることが大切です。

図2　公立校教員の体罰での懲戒処分数の推移

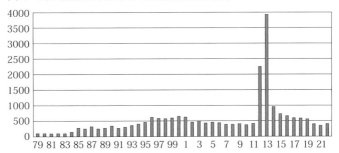

※「公立学校教職員の人事行政状況調査」（文部科学省）による。

　体罰禁止は法律で明確に規定されています。いかなる理由があろうとけっして許されません。図2にあるように、平成24（2012）年に発生した大阪市立桜宮高校事件（バスケット部主将が顧問の体

罰を苦に自殺）以降減少傾向にありますが、いまだに「ゼロ」には
なっていません。

　文部科学省は翌年３月、「体罰の禁止及び児童生徒理解に基づく
指導の徹底について（通知）」を発出し、懲戒・体罰に関する解
釈・運用について、「今後本通知によるものとします」としました。

　同通知の別紙（学校教育法第11条に規定する児童生徒の懲戒・
体罰等に関する参考事例）では、①体罰、②認められる懲戒、③正
当な行為が示され、改めて「懲戒と体罰の区別」の周知徹底が図ら
れました。

〈注〉
（1）　文部省「生徒指導の手びき」1965 年。
（2）　國分康孝『学校カウンセリングの基本問題』誠信書房、1987 年。
（3）　守矢俊一『ゲームと不登校──学校復帰へのサインを見逃さないため
　　　に』ブックマン社、2023 年。
（4）　文部科学省「生徒指導提要」2022 年。
（5）　嶋﨑政男『生徒指導の新しい視座──ゼロトレランスで学校は何をすべ
　　　きか』ぎょうせい、2007 年。
（6）　『月刊生徒指導』1982 年 5 月号、学事出版。
（7）　東京都教育委員会「生き生きとして意欲的な児童生徒の育成──『いじ
　　　め』をなくす実践の手引き」1986 年。
（8）　國分康孝「教育相談と学校教育」『中学校』1995 年 8 月号、全日本中学
　　　校長会。
（9）　小野田正利『悲鳴をあげる学校──親の“イチャモン”から“結びあい”
　　　へ』学事出版、2006 年。
（10）　嶋﨑政男『図説・例解　生徒指導史──少年非行・いじめ・不登校等の
　　　歴史から学ぶ生徒指導』学事出版、2019 年。
（11）　大貫隆志編著『指導死』高文研、2013 年。

3.「法化社会」への対応

（1）「法化社会」とは
　「親の意識が変わってきていて、『いじめ』問題なら学校にどんど

ん言っていくことが社会的に正当化されるとの意識が広まりつつあります」「学校現場では、法的な意識とスキルをもった活動も必要になってきているのです」[1]。小野田正利・大阪大学教授との対談での瀬戸則夫・弁護士の発言です。

　いじめ防止対策推進法の施行（2013年9月）との関連で述べたものですが、法的意識・知識をもって、法的な思考・判断・実践が求められる社会（以下「法化社会」という。）の到来を簡潔に言い表しています。

　憲法をはじめ、教育基本法、学校教育法、教育公務員特例法等、教育が法に基づいて推進されなければならないことは当たり前のことです。地方公務員法では、法令、条例、地方公共団体の規則等の遵守を誓う「服務の宣誓」が定められています。

　「法化社会」は今に始まったことではなく、民主国家として当然のあり様であることに間違いはありません。教育の世界も例外ではなく、体罰や安全保持の懈怠等は法に従い厳しく糾弾されてきました。一方で、「法的にはそのとおりだが、教育的配慮からは…」という「緩衝地帯」とも言えるグレーゾーンが存在していました。

　これに変革を迫るのが「法化社会」における思考・判断・実践の実態です。保護者もグレーゾーンの存在を看過してきたきらいがありましたが、いじめ防止対策推進法の成立を契機に、その感情に大きな変化が見られたとの指摘があります。「白黒を明確にする」「被った不利益の回復を求める」「徹底した責任追及に走る」など、保護者クレーム問題の新たな段階（サードステージ）の到来を感じます。

　同時に、学校・教師の「法化社会」への「乗り遅れ」が目立つようになってきました。

(2)　教育的思考と法的思考

　「市民であろうと生徒の保護者であろうと、やはり悪質クレーマーとして法的対応をとるべき」[2]は「法化社会」にあっては重要な意味を持ちますが、学校には、いわゆる教育の論理を優先させ、

35

「子供の親に法的対応をとる」ことを忌避する傾向があります。

　給食費や修学旅行費の未納に対して、給食を与えなかったり修学旅行に連れて行かなかったりする手立ては講じず、関係教職員の「自腹」に頼ることで事を収めたりします。このような対応は至る所で散見されますが、ここ数年の学校の動きを見ていると、記録の重要性の認識や個人情報保護への気配り等が見られ、「法化社会」を見据えた対応が着々と強化されているように感じます。

　「法化社会」において、学校の法的思考・判断・実践力の弱さは「法的知識の不足というよりは、伝統的な教員の発想・思考様式と法的思考方法との間のギャップにある」[(2)]と考えた山口卓男・弁護士は、その要因について、次の4点にまとめています（要約）。

(1)　教育は子供たちの本性を善なるものと捉える「性善説」、法律家の思考の根底には「人は悪事をなすもの」との認識があり、出発点において「性悪説」的傾きとなる。

(2)　教員はよい方向に成長する子供の可能性を信じ「信頼」を基本に置くのに対し、法律家は「証拠による事実認定」が基本で「懐疑」から出発する。

(3)　子供がケンカをした場合、教員はまず仲直りさせようとし、原因究明（調査）は関係修復と宥和を目的とする。法律家は責任・権利を考え、当事者対立構造の枠組が固定化される。

(4)　事故が起きたとき、教員は当事者（加害者と被害者）への対応が最大関心事であり将来に向けた機動的な対応が求められる。法律家は過去の事実を調査・認定し、落度のある行為者を断罪し、被害の救済をめざす。

　以上のような分析をしたうえで、「伝統的な法的思考の限界」に言及し、「教員と保護者がともに協力して解決を目指すことが価値的であり、法律家も、彼らをサポートする立場から、課題解決のための新たな法理論と手法・技能を提供することが求められる」と、「教育現場に即した法理論・法実務の必要性」を強調しています。

　「法化社会」の到来という現実を前に、教職員に法律家同様の法

的知識、法に基づく思考力・判断力、法に則った対処力を求めることには無理がありますが、これらの法的能力を少しずつでも身に付けるよう努める必要があります。さらに、チームとしての学校の活性化をめざし、法律の専門家との実効的な連携・協働を進めていくことが肝要と思われます。

(3) 身近な出来事から法を学ぶ

「法律は空気のようなもの」という法学者の言葉があると言われますが、とくに教育関係者の意識の低さは問題になることが多々あります。「そもそも教員には、教育法規を日常的に学ぼうとする習慣がない」[3] と厳しく苦言を呈されることも少なくありません。

これまでも教師向けの「スクール・コンプライアンス」「教師の法律力」「教育訴訟・判例」等の書籍の発行はされてきましたが、「法律も何か事件が起きて、これにどう対応するかで学校の命運が決まるとなると、にわかにクローズアップされる」[4] という状況が続いてきたように思います。

そこで、危機管理の研修においてはナレッジマネジメント（過去・他校の事例を共有し、同様の事件・事故の再発を防ぐ）の重要性を指摘してきました。朝の職員朝会の1、2分を使い、校外の委員会等で得たり報道で知ったりした、他校で起こった事件・事故の情報を共有する時間を持ちます。情報提供者が「講師」役となる「ミニ研修会」は、多いときは週に数回、少ないときでも月に1回は開催することができます。

以下に示すような発言です（カッコ内は関係する法規等）。

○「体育館に温度計がなかったことで、熱中症になった生徒の保護者が2,000万円の損害賠償の請求をしました」（安全保持義務）

○「夏休みの宿題にした『我が家の夕食風景』を掲示したところ、個人情報保護の観点から抗議を受けた学校がありました」（個人情報保護法）

○「担任一人でいじめに取り組んだ教員が保護者に訴えられました」（いじめ防止対策推進法）

○「サッカーボールが眼に当たった子から『親には言わないで』と言われ、黙っていたところ網膜剝離が判明しました」（報告義務）
○「プール事故で教員個人の責任が問われた判決が出されました」（国家賠償法）

(4)　法に基づく苦情・要求（例）

　いじめの重大事態の調査においては、法・基本方針・ガイドライン等の「読み込み」に、保護者と教職員の差を感じることがあります。保護者の知識のほうが上回っていて、教職員側がタジタジになる場面のほうが多いのです。法に基づく苦情・要求は今後ますます増えることが予測されます。現に起こっている事例を列挙します。

【義務教育の段階における普通教育に相当する教育の機会の確保等に関する法律】（2017年施行。以下「教育機会確保法」という。）

　第13条には「不登校児童生徒の休養の必要性」という文言があります。確かに、「休養を必要とする」児童生徒が多いことは事実ですが、法律に明文化されたことで、学校復帰をめざした取り組みに対して、保護者からの「法律違反ではないか」との異議申し立てが増えたと言われます。

【教育職員等による児童生徒性暴力等の防止等に関する法律】（2022年施行）

　教職員の服務事故は防がなくてはなりません。児童生徒が性被害に遭うことは絶対にあってはならないことです。このような法律がつくられたこと自体、教育職員にとっては恥ずべきことですが、これを受けて各地で策定されたガイドライン（指針）の解釈により、保護者から厳しい指摘を受ける事例が増加しています。

　第2条第3項第5号に示された、「児童生徒に対し性的羞恥心を害する言動があって、児童生徒等の心身に有害な影響を与えるもの」への懸念や不安が寄せられ、時に厳重な抗議になることがあります。相談機関への相談事例には、「頭を触られた」「肩に触れられた」「何かと声をかけられる」等の相談事例があります。「交流分析」の創始者であるE・バーンは、「ストローク（なでる・微笑む

等のはたらきかけ）は『心の食べ物』」と推奨しましたが、今は、一歩間違えば、犯罪者にもなりかねません。

　残念なことに、絶対あってはならない事案の報道が多く、児童生徒の心身の安全確保や尊厳の保持のためには、法律の制定はやむを得ないことです。しかし、法成立時の附帯決議や「基本的指針」を受け、空き教室の解消、密室状態の回避、教職員の複数行動の徹底等に取り組む学校の姿には複雑な思いを味わいます。

　実際に、高熱の女子中学生を自家用車で自宅まで送った男性教師がセクハラの訴えを受けたり、校内水泳大会の様子を写真におさめた教員に盗撮の疑いがかけられたりする報道もあり、SNSでは過激

図3　わいせつ行為により懲戒処分を受けた教職員数（公立）

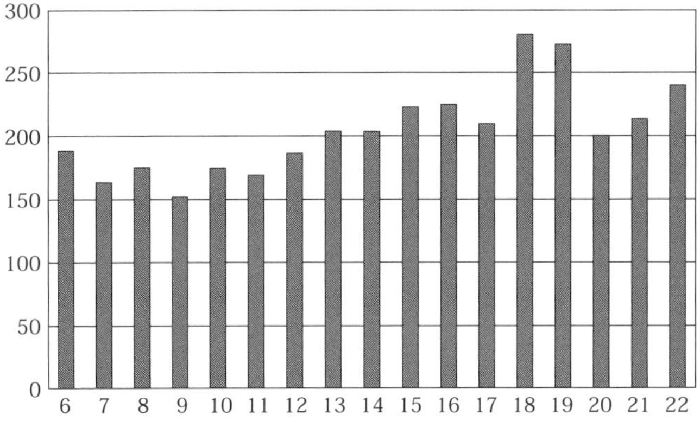

※「公立校教職員に人事行政状況調査」（文部科学省）による。「訓告」を含む。

な投稿も見られます。教職員のいっそうの慎重さが求められます。

【児童虐待の防止等に関する法律】（2007年改正）

　「虐待通告」をめぐって、保護者とトラブルが発生することがあります。虐待通告は国民の義務（児童福祉法第25条）ですが、学校の教職員は医師等とともに「児童虐待を発見しやすい立場にあることを自覚し、児童虐待の早期発見に努めなければならない」と努力義務が課せられ（児童虐待防止法第5条）、「児童虐待を受けたと

思われる児童を発見した」ら、「速やかに通告しなければならない」と規定されています（同法第6条）。

　このため、疑いのある段階での通告をした場合、保護者から抗議を受けたり、児童生徒の安全確認のために家庭訪問した折に罵声を浴びせられたうえ、「不法侵入だ」と警察に通報されたりすることがあります。

【障害者差別解消法】（2016年施行）

　合理的配慮についての理解が進むなか、障害者から意思の表明があった場合の「過重の負担にならない範囲」について議論になることが多々あります。

　特別支援教育の充実に伴い、進学する際の通常学級、特別支援学級、特別支援学校の選択をめぐる保護者との話し合いで確執が生じたり、通級による指導を受ける児童生徒の保護者から、指導場所・時間・内容等についての疑義や要求が出される例も増えています。

図4　通級による指導を受ける公立校小中学生数の推移（文部科学省調査）

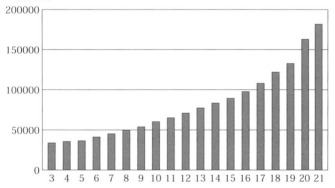

【子どもの貧困対策の推進に関する法律】（2014年施行）

　法を基に策定された「大綱」で、「学校をプラットフォームとした子供の貧困対策の推進」が謳われ、教育費の負担軽減、学習支援等の施策があげられています。このため、稀有な例ですが、これら

が学校に課せられたものと受け止められることがあり、教材費の納入や学力補充指導等について、直接学校に要望が寄せられることがあります。

【その他、子供が関係することが多い法律】

その他、法律との関連で寄せられるクレーム例は以下のとおりです。

〈発達障害者支援法〉（2016年施行）

社会的障壁（障壁となる事物、制度、慣行、観念等）の除去。

〈学校保健安全法〉

学校施設・設備、学校事故、健康診断、安全・保健指導等。

〈アレルギー疾患対策基本法〉

医療的・福祉的・教育的配慮、教職員の研修等。

〈国家賠償法〉

教員の故意または過失による損害に対する求償等。

〈独立行政法人日本スポーツ振興センター法〉

医療費等の給付等をめぐるトラブル。

〈注〉
（1）　小野田正利『先生の叫び　学校の悲鳴』エイデル研究所、2015年。
（2）　山口卓男「学校現場の法務と弁護士のかかわり」坂田仰編著『生徒指導とスクール・コンプライアンス──法律・判例を理解し実践に活かす』学事出版、2015年。
（3）　坂田仰・河内祥子・黒川雅子『図解・表解　教育法規』教育開発研究所、2008年。
（4）　下村哲夫編『事件に学ぶ教育法規読本』教育開発研究所、1995年。
（5）　横山雅文『プロ法律家のクレーマー対応術』PHP研究所、2008年。

4.「困難クレーム」との正対

（1）「困難クレーム」の増加

2000年代に入ってから、保護者クレーム関連の書籍が多数発刊され、教育雑誌等の特集でも度々取りあげられてきました。その多

くが、クレーム増加の要因・背景を取りあげていました。

「日本社会のモラル崩壊」「消費社会の弊害」「顧客至上主義」等の社会の変化に目を向けたもの、「メディア・スクラムに国民のルサンチマンが共鳴し、バッシングは一層激しさを増すことになる」[1]と、マスメディアの影響に言及したもの、「極端な自己中心性」「ストレスの増大」「個人の権利意識の向上」等の個人の資質を問題とするもの等、多岐に及んでいます。

学校関連に絞っても、臨時教育審議会第三次答申（1996年）が初出となった「開かれた学校」について、「これが保護者や地域住民の声を聞き入れるきっかけとなった。（中略）クレーマーにも"口実"を与えることになり、その増加を招いたとしても不思議ではない」[2]との見解がありますし、学校・保護者間のコミュニケーション不足等、保護者・学校双方の問題点の指摘もあります。

保護者自身の抱える問題として、性格特性や心理的問題を問題視する声もあがりましたが、「保護者＝善・学校＝悪」という不文律を脅かしてはならない風潮があるなか、保護者を責めるような論調は大きく取りあげられることはありませんでした。学校・教職員が最も頭を痛めたケースであったにもかかわらず。

こうした議論ではよく見られることですが、持論展開の基となる問題の状況・態様等の捉え方がバラバラのため、議論が平行線をたどったまま進展しないことがあります。持論に都合のよい情報ばかり集める「確証バイアス」が働くことは致し方ないこととしても、極端なレアケースを一般化したり、不確かな根拠を基に「だとすれば○○である」「○○の可能性がある」などと、「○○」をあたかも真実であるように断じる論述を弄するやり方には閉口します。

困難事例の多くは、法に基づいて教職員の非違行為や不作為の責任を追及したり、保護者自身が抱える心理的問題が背景にあったりするなど、教職員や学校に専門性がないため適切に対処できないケースが大多数を占めていました。

現在のように、スクールカウンセラー（心理）、スクールソー

シャルワーカー（福祉）、スクールロイヤー（司法）という専門家
による支援体制が十分整っていないうえ、書籍や手引書には、「保
護者の話を傾聴する」「子供をど真ん中に」等、対応時の心構えの
大切さは理解できても、具体的にどう取り組んでいったらよいかが
わからない記述が多く見られた時代背景がありました。

　教職員が精神的に追いつめられ、自死をも考えるようになってし
まうのは、ごく稀なケースですが、「保護者クレーム問題」が社会
問題化したのは、その「稀なケース」への対応のために、学校全体
が混乱状態に陥る事案が相次いだためでした。

(2)　タブー視された「保護者の心理面への言及」

　保護者クレームが社会問題化したため、教育関連の雑誌では特集
が組まれたり、各地の教育委員会では「手引き」づくりに追われた
りしていました。保護者クレーム関連の書籍の発行も相次ぎました
（図5）。

図5　クレーム関連書籍（雑誌の特集を含む）の発行数（著者調べ）

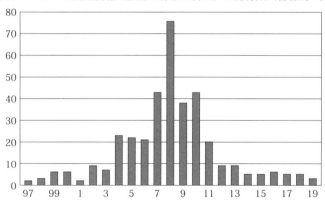

　教育関連雑誌の特集では例外的に、「"問題の親"と言われる親と
どうかかわるか」や「"困った保護者"にどう対応するか」等、保
護者自身の問題性をテーマにするものもありましたが、多くは「保
護者の信頼を得る教師の対応」「保護者対応と関係づくり」「学校と

保護者と良好な人間関係づくり」等、学校の取り組みに期待するという企画でした。

このため教職員間には、保護者との信頼関係の築き方のポイントについての理解は徐々に深まっていきましたが、保護者自身が抱える心理的特性にまで踏み込んだものはほとんどなかったため、「たった一人の保護者が学校全体を揺るがす」事案への対応には苦慮することが続きました。家庭問題への介入は、「①子供の問題を通して、②緊急対応に限って、③組織で対応」[3] の３原則の遵守が厳しく言われていたときでしたので、仕方がないことでした。

各地の教育委員会も競うように教師向けの手引書を作成しました。「保護者対応の手引き」「保護者からの要求・苦情対応の手引き」と銘打ったものもありましたが、多くは「信頼される学校づくり」「学校問題解決のために」等、中身を見なければ何の手引きか分からないネーミングでした。

保護者・学校を二項対立的に捉えることへの配慮があったためと思われますが、その内容は、実践に役立つよう工夫されてはいるものの、「保護者との信頼関係を築く」「対応力を高める」「保護者との対話を活かす」等、教師への叱咤激励で貫かれ、「保護者自身の問題性」に言及したものはごく少数でした。

そんななか、いち早く（2006年３月）教職員向け手引書[4] を作成した岩手県教育委員会は、苦情等を持ち込む保護者（「提言者」と命名）を10タイプに分け（拙論）[5]、心理的な問題が疑われる「理解不能型の提言者」も取りあげました。

また、埼玉県教育委員会が発行した「対応事例集」（2008）[6] では、「はじめに」のなかで、「『理不尽』とも『無理難題』とも言える要求・要望の解決には（中略）法律や医療等の専門知識が必要な場合があります」と述べています。

さらに、大阪府教育委員会が作成した手引書（2010）[7] では、「対応が困難になるケースを見てきて」というコラムのなかで、「心理的な面での配慮が必要なケース」や「違法行為・不当要求等の毅

然とした対応が必要なケース」に言及しました。

　しかし、「困難事例」への対応においても、クレーム問題の原因に保護者自身の問題を加えることを忌避する「空気」が漂っていました。「クレームの元をつくっているのは学校・教育委員会」という「クレーム物語」が蔓延するなか、クレーム問題の要因・背景に保護者の「心の問題」を取りあげることなど、絶対的タブーであったと言えます。

　こうして、教育委員会・学校・教師が最も対応に苦慮したケースへの対応策は「表舞台」に出ることはありませんでした。この流れは現在までも続き、いじめの重大事態の調査においても、保護者の問題に触れることへの反対論が根強く残っています。

(3)　「タブー」への挑戦──「困った親」は「困っている親」

　このような「空気」に包まれるなか、『月刊学校教育相談』誌（ほんの森出版）に、2003年4月号から「対応に苦慮する親へのかかわり」と題する連載を24回続けさせていただき、連載終了後これをまとめた『"困った親"への対応　こんなとき、どうする？』[8]という単行本を上梓しました。

　そこでは、「親自身の問題で、子供や学校が混乱するとき」という章を立て、「『心の問題』が疑われる親」という節で「境界性人格障害」を取りあげました。もちろん稀有な例として、また、教職員の「診断」は絶対に許されないことを断ったうえでしたが、保護者クレーム史を辿ると、薄氷の上に一人取り残されたような心境です。

　それでも、①教職員が自らの精神を病むケースには、保護者の心の問題が介在するケースが多く、この問題を避けて通るわけにはいかない、②このような問題を抱える保護者に対し、精神医学等の知識が乏しい教職員が一騎当千の対応を望むことには無理がある、③「クレームを受けるのは、自分にもそれなりの理由があるから」との自己責任論に苛まれる教職員の小さな救いにはなる、④そして何よりも、保護者自身の支援に繋げることができれば、もっとも身近で不安感に怯える子供を救えるとの思いから、取りあげることを決

断しました。

　なお、この問題に早くから取り組んでいた楠凡之氏が述べているように、「（発達障害やパーソナリティ障害等の観点から保護者の抱える問題をとらえること）は、決して保護者にラベリングすることが目的ではない。あくまでも、保護者の視点から見たときの事態の見方と考え方、感じ方を共感的に理解するために必要である」[(9)]との視点を欠いてはならないと考えます。

　同氏は、自著[(10)]のなかで、「言動の理解と対応に困難さを感じる」保護者を「気になる保護者」と命名し、その背後にある問題を「①発達障害、軽度の知的障害の問題、②生育史あるいは過去の体験の中で築かれた『未処理の葛藤』の問題、③パーソナリティ障害の問題、④うつ病や統合失調症などの精神疾患の問題」に分類しています。

(4)　「困難さを感じる」保護者へのはたらきかけ

　保護者クレームの大半は「わが子を愛する親心」を起点として、保護者・教職員双方の「ボタンの掛け違い」等小さなアクシデントや、それに伴う意思疎通の閉塞が原因であることが理解されるにつれ、解決に向かうであろう扉を開けることさえできない「困難事例」が話題となっていきました。

　研究者の間から、「困難事例」の要因にパーソナリティ障害や発達障害の影響を指摘する声があがるようになりました。保護者の発達障害や精神障害を取りあげる雑誌[(11)]も現れ始め、「パーソナリティ障害、発達（愛着）障害に加え、依存症を思わせる保護者の増加も気になるところである。依存にはアルコール等の物質依存に限らず、ギャンブル等の行為依存がある。クレームは行為依存の一類型と考えることができる」[(12)]との見解も出されました。

　発達障害の一部や、境界性パーソナリティ障害、自己愛性パーソナリティ障害との区別はむずかしいと言われますが、「今日、自己愛性パーソナリティ障害の傾向は広範囲に広がってきているようにも思います」[(13)]との見解に刮目しました。これまで対応してきた

「困難事例」を整理し直したところ、多くの事例に自己愛性パーソナリティ障害の特徴との共通点が見出されたのです。

　多くの研究者が「自己愛の強い人」に関心を寄せ、次のような特徴を指摘していますが、「よく似ている」「まさにそっくりだ」などと膝を打つことしきりでした。もちろん素人が診断名をつけることは許されませんが、対応時の留意点として気に留めておくことは大切なことと考えます。

○ 「自分勝手で、人の気持ちに無感覚で、何につけても自分の気の済むようにやりたがり、それが叶わぬ場合には腹を立て、攻撃的な言動に出る。常に誉められ、評価される場を求める」[14]。

○ 「常に称賛を必要としている。被害者意識が強く、批判でないことも批判と受け止め、注意されると存在を否定されたと感じる」[15]。

○ 「周囲から賞賛を求め、常に優位な立場でいたい。親切のつもりで取った行動でも、自分への攻撃だと捉えてしまう」[16]。

○ 「自分は特別な存在だと思っており、それにふさわしい華やかな成功をいつも夢みている。特別な存在である自分に、他人は便宜を図ったり、賞賛し、特別扱いするのが当然だと考える」[17]。

○ 「他人に否定的な言動を取られると、じぶんという存在すべてを潰されたように感じてしまう」[18]。

　ここでは「自己愛性パーソナリティ障害」を取りあげましたが、このような心理的問題への対処は教職員の専門外です。けっして一人で「対応しない」、また、「対応させない」ことを共通認識する必要があります。専門家でさえ「治療はむずかしい」と公言しています。ほかならぬ「子供のため」に、あらゆるリソース（当人にかかわることができる人・機関）を通した支援に努めることが重要です。

〈注〉
（1）　郷原信郎「歪んだ『法令順守』がクレームを大量生産する」『中央公論』2007年12月号、中央公論新社。
（2）　渋井哲也『解決！学校クレーム』河出書房新社、2009年。

（3）　嶋﨑政男「教師を追い込む『無茶な保護者』ここが対応のポイント」『総合教育技術』2007 年 1 月号、小学館。

（4）　岩手県教育委員会「苦情対応マニュアル（学校版）」2006 年。

（5）　嶋﨑政男「保護者対応」『指導と評価』2005 年 4 月号、図書文化社。

（6）　埼玉県教育委員会「保護者からの様々な要求・要望に対する対応事例集」2008 年。

（7）　大阪府教育委員会「保護者等連携の手引き──子供たちの健やかな成長のために」2010 年。

（8）　嶋﨑政男『"困った親"への対応　こんなとき、どうする？』ほんの森出版、2005 年。

（9）　楠凡之「気になる保護者からのクレーム対応」古川治編著『保護者の関係づくりをめざすクレーム問題──セカンドステージの保護者からのクレーム対応』教育出版、2013 年。

（10）　楠凡之『「気になる保護者」とつながる援助──「対立」から「共同」へ』かもがわ出版、2008 年。

（11）　『児童心理増刊「難しい親」への対応』2014 年 4 月号、金子書房。

（12）　嶋﨑政男「保護者クレーム小史〜心病む教職員」『季刊教育法』178 号、エイデル研究所、2013 年。

（13）　梶田叡一『人間教育の道── 40 の提言』金子書房、2022 年。

（14）　加藤諦三『メンヘラの精神構造』PHP 研究所、2020 年。

（15）　片田珠美『他人を攻撃せずにはいられない人』PHP 研究所、2013 年。

（16）　見波利幸『平気で他人をいじめる大人たち』PHP 研究所、2021 年。

（17）　岡田尊司『パーソナリティ障害──いかに接し、どう克服するか』PHP 研究所、2004 年。

（18）　和田秀樹『自分を「平気で盛る」人の正体』SB クリエイティブ、2016 年。

「困難事例」を生み出した背景

1.「物語」の誕生

(1) 「学校＝悪」の世論形成と「物語」の誕生

　学校を舞台とするさまざまな事件・問題が発生するたびに、「一億総評論家」を感じさせる、かまびすしい議論が湧きあがります。問題解決への要因・背景を探り、解決・解消に向けた課題を明確にするためには重要なステップとなっていますが、このときとばかりに持論を展開させ、時に世論を誤った方向に導く人には閉口させられます。

　「ある事象だけに焦点を当て、あたかもそれが全体像であるかのような錯覚を与えたり（焦点効果）、レアケースを過度に一般化したりするなど、打つ手は豊富です。ずっと以前からあったことを『新現象』ととらえ、議論の中心に据えることも問題の解明をいたずらに混乱させます」[1]。

　教育問題では、叱咤激励の意味合いもあるのでしょうが、「学校悪玉論」がしばしば展開されます。確かに、教職員による児童生徒への性暴力などは絶対にあってはならないことですし、けっして許すわけにはいきません。厳しい断罪は当然です。

　ところが、十分な検証を経ることなく、「学校＝悪」の世論が形成されると、それがあらゆる現象・場面の説明に利用される「物語」として固定化されていきます。「日々、マス・メディアから一方的に送り込まれる公教育批判、教師バッシングが拍車をかける。学校で起きた事件や児童生徒の不祥事は、マス・メディアにとって格好のターゲット」[2]になり、「学校悪玉論」は「世間」というキャンパスに広く深く浸透していくのです。

　いじめ問題然り、不登校問題然りです。多岐に及ぶ要因・背景を

学校という 1 点にフォーカスすることで、かえって解決を遅らせてしまうことがあります。保護者は皆「物語」の読者です。冷静に読み進める人がほとんどですが、「物語」の語りに心を奪われることもあります。

(2) 「囚われのいじめ問題」

『囚われのいじめ問題——未完の大津市中学生自殺事件』[3] は、大津事件が「自殺練習」「隠蔽」報道を起点として、マスメディアによって大きな社会問題化していった過程の検証とともに、第三者委員会報告書や判決文の分析を行い、「マスメディアのいじめ問題に対する『囚われ』」の根深さを浮き彫りにしています。

全国版と地方版の報道の違いや、有識者を巧みに活用するテレビ報道等の詳細な記述からは、「いじめ物語」がいかに生まれ、読者・視聴者の多くがそれに囚われて、拡散していくかが理解できます。「学校側を先験的に『悪しき』主体とみなすマスメディアの囚われ」の姿勢は、その影響力をいかんなく発揮することで、「いじめ物語」をより広く、より深く、より強く拡散していったのです。

「悪しき主体」である学校が非難や攻撃の対象となることは必然なことですから、クレームの増大化・深刻化は避けることのできない現象と言えます。

(3) 「報道バイアス」

前掲書は、次の文章で閉じられています。

「『いじめ物語』が再生産され続ける社会に生きる私たちに、どうしたらこの不気味で強大なうねりを食い止めることができるかが問われ続けている。その意味で、『いじめ物語』に抗おうとする本書の試みに応答してくれる他者が現れるのかどうか、その行方を見守りたいと思う」[3]。

これに応えたのが、新聞社勤務を経た後、大学教授を務める中西茂氏です。同氏は、『月刊生徒指導』誌[4] で「報道する立場から、学校と直接かかわる立場に変わって、(中略)明らかに見える風景が違っている」と明かし、「報道が空気をつくってしまう。その怖

さを改めて確認したい」と結んでいるように、「報道する側」「報道される側」の双方を公正に見極めることができる立場にあります。

中西教授は、「いじめ報道バイアスの問題点に関する考察——女子児童の自死事案を例に」[(5)]と題する論文のなかで、報道において「バイアス」（人間の持つ認知のゆがみ）が生じる要因を、「多くは報道の送り手に帰するが、受け手側との相互作用による場合も少なくない」とし、「報道する側が意識するか否かに関わりなく、報道によっていじめと自死を直接結び付ける受け止め方が存在する」ことを実証しています。

教授の論述は、令和2（2020）年11月に発生し、令和3（2021）年9月に全国一斉に報道された小学生女児の自死事件を基に展開され、「いじめ以外の自死の要因に関する情報が、報道で軽視あるいは無視されていること、そこには、自死を巡る調査機関や報道機関が被害者側に寄り添うことを求められてしまうという構造的な問題があること」を指摘しています。

「学校や教育委員会側の反論が必ずしも十分に報道されず、家庭環境問題への言及を避け、いじめが自死の唯一の原因であるかのような報道が続いた」状況を大津事件と重ね合わせ、「報道側によるバイアスの修正はなされていない」と明言する一方、「報道にバイアスが生じる要因の多くは報道の送り手自身に帰するが、受け手側との相互作用による場合も少なくない」として、「教育委員会や学校などの関係当局も報道バイアスをその都度正していく役割がある」と提言しています。

(4) 「『いじめ自殺』という物語」

本事案の考察は、クレーム問題の構造的分析に大いに役立ちます。報道の激化は、大津事件での「自殺練習」報道同様、事案発生後約9ヵ月が経過した「タブレット端末」報道がきっかけとなりました。両親が学校・教育委員会の対応が不適切だったとして文部科学省に指導するよう要望するや、翌日（9月14日）の日刊紙には「小6女児『いじめ自殺』」[(6)]、「小6自殺 遺書に『いじめ』」[(7)]、「『いじ

め』調査不誠実」[8] 等の大きな活字が紙面に溢れました。

　遺族に加え、弁護士、支援者、識者と呼ばれる著名人等が立ち会う会見は、翌日という異例のスピードで行われた文部科学省による教育委員会指導と相まって、報道の激化を十分予想させるものでした。クレーム問題の過熱報道と同じ構造です。

　「センセーショナルな報道は、児童や学校関係者、教育行政、地域社会にも重大な影響を与えたが、新聞、テレビ、大手週刊誌などの一面的な “ストーリー” で当事者が振り回されてきた可能性が浮き彫りになった」[9] 事例は、これまでも多々指摘されています。

　先の論文では、「遺書を精読すれば、いじめ以外の問題が自死に影響を与えている可能性を読み取ることができる。少なくとも3枚の中にタブレット端末によるいじめが明確に記された記述はない」として、自死の原因にはいじめ以外の事情があることを示唆する情報が存在するにもかかわらず、この点に触れる報道がなかったことが、報道バイアスを生み出したと結論付け、「その背景には、報道機関も遺族の思いに『寄り添う』役割を果たしている」と、その原因を明らかにしています。

　令和6（2024）年2月21日、2年3ヵ月49回の審議を経て再調査委員会が報告書を提出しました。「いじめ認定、自殺原因は複合的で特定できず」という結論でしたが、「典型的な『ネットいじめ』とは全く異なる。『タブレット端末がいじめの温床になっていた』という評価は適切ではない」[10] という委員長談話を載せたのは1紙（地域版）だけでした。また、タブレット端末を女児が「偶然見た」と正確に伝えたのは、2紙の地域版だけでした。

　この報道を目にすることのなかった大多数の人々には、「タブレット端末いじめ」の残像しか残らなかったことでしょう。こうして、「GIGAスクール構想（全国の児童生徒に一人一台の端末を整備する）に一人の少女の命が奪われた」という「物語」は生き続け、「いじめ物語」は語り継がれていくのです。

〈注〉
(1)　嶋﨑政男『生徒指導の新しい視座——ゼロトレランスで学校は何をすべきか』ぎょうせい、2007年。
(2)　大森与利子『「心いじり」の時代——危うさとからくりを読み解く』雲母書房、2013年。
(3)　北澤毅・間山広朗編『囚われのいじめ問題——未完の大津市中学生自殺事件』岩波書店、2021年。
(4)　中西茂「いじめ調査と報道の見方」『月刊生徒指導』2021年11月号、学事出版。
(5)　中西茂「いじめ報道バイアスの問題点に関する考察——女子児童の自死事案を例に」『スクール・コンプライアンス研究』No.11、2023年。
(6)　「読売新聞」2021年9月15日。
(7)　「毎日新聞」2021年9月15日。
(8)　「産経新聞」2021年9月23日。
(9)　SAKISIRU編集部「『町田小6いじめ自殺』新事実浮上、真相解明のカギ握る遺書」(https://sakisiru.jp/20738)2022年2月10日配信。
(10)　「朝日新聞」(多摩版)2024年2月21日。

2. マスメディアとネット社会

(1) 「いじめ物語」からの解放

　「いじめの原因は学校・教師にあり、いじめに関しては学校・教師をいくら責（攻）めてもよい」という「物語」が、保護者による教師への執拗なクレームを生み出しています。この「物語」が広く流布され、保護者にクレームの正当性を与え、保護者の苦情・要求をより過激なものとしています。昨今のクレーム問題の大きな特徴と言ってよいでしょう。

　「大人主導の法的措置が子ども主導の対話解決を奪ってしまっている。子どもの『最善の利益』を目指した解決法からかけ離れた『法化現象』は、『モンスターペアレントの復活』を予感させる」[1]ため、一刻も早い「『いじめ物語』からの解放」を願わざるを得ません。

　わが子がいじめの被害者となれば、守り通そうとする親心は至極

当然のことで、本来、その行為は称賛されて然るべきものです。「被害者保護」はいじめ対応の最重要課題ですし、学校・教師はいじめ問題の解決をめざして、全力で取り組まなければなりません。

　しかし今、拙著[2]で明らかにしたように、いじめ問題には、わが子をそっちのけにした、何らかの利益を得るための行動や、いじめを行ったとされる相手や家族に対する行き過ぎた反撃（以下「いじハラ〈いじめハラスメントの略〉」という。）が存在することもまた事実です。これが過激なクレームを生み出す大きな要因の一つとなっています。

　「いじめのことなら何を言っても（しても）よい」という暗黙知は、前節で取りあげた「物語」から取り入れられた信念・信条と言えます。自分にとって都合のよい点だけを利用することができるため、一言居士にとっては便利このうえないものとなっています。

　前述した『囚われのいじめ問題——未完の大津市中学生自殺事件』[3]では、「自殺報道以降一貫して、家庭環境問題への言及を避けてきた」マスメディアに焦点を当て、大津事件が社会問題化した背景を分析することにより、「教師や学校はいじめに気づかない、気づいても見逃し、あるいは隠蔽する」という「物語」の存在を明らかにし、「日本社会を強烈に呪縛している『いじめ物語』からの解放を目指さなければならない」と一貫して主張しています。

（2）　マスメディアとクレーム問題

　これまでも、マスメディアのいじめ問題に対する「囚われ」が根深いことを明らかにし、「『いじめ物語』に抗う」という試みはありましたが、マスメディアの報道姿勢は「いじめ物語」の語り部そのものでした。

　こうした状況に異を唱える論調も目立つようになりました。確証バイアス（何かしらの考えを検討するとき、それに都合のよい情報ばかり集めること）のきらいはありますが、その一部を借用し、マスコミ報道の問題点を考察します。

　第一に、「学校＝悪」との一面的な見方です。「論者たちは、それ

ぞれの立場や主張こそちがえ、マスコミ主導の付和雷同的世論によって作られる単純な『学校批判』の流れに対する率直な疑問を自分の思考の原動力としている点で共通している」[4]「（報道の仕方は）クールさや中立性に欠けており、報道というよりは断罪に近く、学校側や教委をますます硬直化させている」[5]等の意見があります。

第二に、報道内容が真に問題解決への役割を果たしているかとの観点からの批判です。「いじめ自殺」という表現は、「いじめ＝自死に値する」との誤認を与えかねないため、使われなくなってきましたが皆無ではありません。

「〈いじめ〉は憎むべきことだが、それは人間社会の憎むべきことの一つにすぎない。それを報じるマスコミのありかたのほうが、病的な社会現象」[6]「児童・生徒間の交流のなかで生じる多様な、程度もまちまちなトラブルを『いじめ』の一語に集約し、そこにカテゴライズされた経験はすべて希死念慮を生じさせかねない悪とみなすという社会的通念が成立した」[7]等の指摘には真摯に応える必要があります。

第三に、報道の影響についてです。視聴者の判断に大きな影響を与えるであろう「識者」のコメントや、公平・公正さに欠ける誘導的な論調は、百害あって一利なしです。「テレビ、新聞、雑誌。そろそろ反省して欲しい。自分たちの加害性に気づいてほしい」[8]のです。

一方、視聴者の側も、「いじめ問題への有効な対策や本当の解決に向けて必要なこと、それはまず、マスコミのいじめ報道や『識者』といわれる人たちの自信たっぷりの言葉を批判的に受け止める」[9]力量が求められます。

なお、多くの保護者は、学校が開催する臨時保護者会前のマスコミ報道やソーシャル・ネットワーキング・サービス（以下「SNS」という。）により事態の重大性・緊急性を感じとっています。「マスコミが『どのような印象をもち』『どのように報道したか』が、学校に対する信頼感を大きく左右する」[10]わけですから、スピード

感をもったクライシス・コミュニケーションの実行が大切です。

　ステークホルダー（利害関係者）には保護者や学校運営協議会委員等の地域住民に加えマスコミ関係者が該当します。「3つのPの原則」（方針〈ポリシー〉を明確にし、公式見解を示す文書〈ポジションペーパー〉⁽¹¹⁾を準備し、対応計画〈プラン〉を伝える）に従った迅速な対処が求められます。

(3)　「ネット社会」とクレーム問題

　総務省が行っている通信利用動向調査では、インターネット個人普及率は1990年代後半から急激に上昇し、令和4年には幼児・高齢者を除くと100%近くが利用しています（図1。端末別では、スマートフォン〈以下「スマホ」という。〉71.2%、パソコン48.5%）。

　インターネットが広く活用され始めたのは1995年頃と言われます。保護者クレーム問題が大きく取りあげられるようになった時期と重なりますが、直接の因果関係は認められていません。しかし、その利便性・有益性と裏腹の関係にある「負の面」は、「困難事例」を生み出した要因の一つと考えられます。

図1　インターネット個人普及率

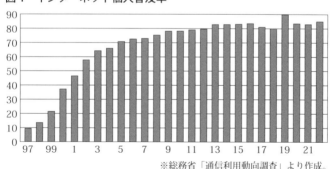

※総務省「通信利用動向調査」より作成。

　インターネット普及がもたらした「負の面」としては、①信憑性に欠ける情報の拡散、②情報漏洩、③著作権・個人情報の侵害、④匿名性の悪用、⑤依存性の進行等があげられますが、クレーム問題との関連では、不確かな情報が匿名性を使って拡散される（①と

図2 「ネットいじめ」認知件数の推移

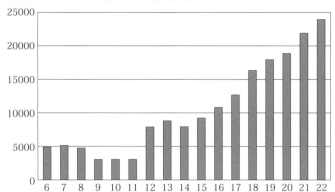

※文部科学省「児童生徒の問題行動・不登校等生徒指導上の諸課題に関する調査」
より作成。小学校・中学校・高等学校・特別支援学校の計。平成18（2006）
年度より調査開始。

④）事案が問題になります。

　学校で叱責を受けた児童が虚偽を織り交ぜて掲示板に書き込んだ
り、中学生が教職員の不適切な言動を動画として投稿したりするな
どして、保護者を巻き込んだ「騒動」（厳しいクレームの拡散）に
発展した例があります。

　インターネットを通じて行われるいじめ（以下「ネットいじめ」
という。）は、スマホの普及とともに急増しています（図2）。この
対処をめぐる保護者間のトラブルが、学校の対応に対するクレーム
につながることが多々報告されています。

　ネットの世界は、正確さより関心（アテンション）を集めること
が優先される「アテンション・エコノミーの原理」で動くため、自
分の興味のある情報だけに覆われる「フィルターバブル」や、自分
の意見と似た意見ばかりに触れて信じ込んでしまう「エコーチェン
バー（反響室）現象」が起こりやすくなります。

　「ネット炎上」という現象は、SNSやブログでの発言をきっかけ
に、批判的な意見が集中して、まるで燃え上がるように個人や団体

への誹謗・中傷が拡散することですが、クレームを発端に、学校・
教職員がその対象となることがあります。

〈注〉
（1）　嶋﨑政男「モンスター・ペアレントの『出現』」『児童心理』2017年12
　　月号臨時増刊、金子書房。
（2）　嶋﨑政男『学校管理職・教育委員会のためのいじめを重大化させない
　　Q&A100』エイデル研究所、2022年。
（3）　北澤毅・間山広朗編『囚われのいじめ問題——未完の大津市中学生自殺
　　事件』岩波書店、2021年。
（4）　小浜逸郎・諏訪哲二編『間違いだらけのいじめ論議』宝島社、1995年。
（5）　諏訪哲二『いじめ論の大罪——なぜ同じ過ちを繰り返すのか?』中央公
　　論新社、2013年。
（6）　なだいなだ『いじめを考える』岩波書店、1996年。
（7）　片岡大右『小山田圭吾の「いじめ」はいかにつくられたか——現代の災
　　い「インフォデミック」を考える』集英社、2023年。
（8）　内藤朝雄『〈いじめ学〉の時代』柏書房、2007年。
（9）　岩田健次郎『ぼくが見つけたいじめを克服する方法——日本の空気、体
　　質を変える』光文社、2020年。
（10）　田中正博・佐藤晴雄『教育のリスクマネジメント—子ども・学校を危
　　機から守るために』時事通信社、2013年。
（11）　文部科学省「生徒指導提要」2010年。

3.「サービス業化」の進行

（1）「ハラスメント」と「クレーム」

　ハラスメントは、相手を不快にさせたり不利益を与えたりするな
どの身体的・心理的苦痛を与え、人間としての尊厳を侵害する行為
を総称します。その対象・内容等によって数十の種類に分類される
反社会的行為です。
　これに対しクレームは、商品・サービス、行為・処置等に対する
苦情・改善要求を意味します。社会通念上認められる範囲内であれ
ば、問題になることはありません。保護者クレームの多くは「わが

子可愛さ」が発端になることが多く、「急な雨のときが心配ですから、うちの子の傘を預かってもらえませんか」等の要求は、微笑ましい行為であるとも言えます。

　問題となるのは、クレームとハラスメントの境界が不明瞭な場合です。学校で問題になることが多いハラスメントには、パワーハラスメント（同じ職場で働く人間関係が優位に立つ者からの精神的・身体的嫌がらせ）、セクシャルハラスメント（性的な嫌がらせ）、モラルハラスメント（人格を否定したり、自尊心を傷つけたりする精神的嫌がらせ）、アカデミックハラスメント（教授〈教師〉から学生〈児童生徒〉への嫌がらせ）、カスタマーハラスメント（顧客〈消費者〉から店舗等の従業員への嫌がらせ）があります。

　教職員が児童生徒や保護者に対して、このようなハラスメントを行うことはけっして許されませんが、保護者による教職員に対する理不尽な苦情や過剰な要求等が教職員に心身の苦痛を与える場合は、パワーハラスメントに該当するでしょう。

　また、教職員をサービス提供者とみなして、軟禁状態にしたうえで深夜遅くまで厳しい苦情を言い続けたり、到底実現できないような要求を繰り返したりすることは、カスタマーハラスメントそのものと言わざるを得ません。

(2)　保護者クレームとカスタマーハラスメント

　令和4（2022）年3月、厚生労働省は「カスタマーハラスメント対策企業マニュアル」を発表しました。消費者の攻撃的・感情的な金品や謝罪の要求により、従業員が心身の被害を受けるカスタマーハラスメント（カスハラ）の防止を求めたものです。

　同マニュアルでは、カスハラを「顧客等からのクレーム・言動のうち、当該クレーム・言動の要求の内容の妥当性に照らして、当該要求を実現するための手段・態様が社会通念上不相当なものであって、当該手段・態様により、労働者の就業関係が害されるもの」と定義しています。

　カスハラが増えた背景の一つに、長期にわたりデフレ経済が続く

なかでの、人々の怒りや恨みの増幅があげられます。その対象は、政治家や自身が勤務する企業の上司等なのですが、本来向かうべき対象への攻撃がむずかしい場合、その矛先をより弱い立場の者に向けることがあります。「置き換え」と呼ばれる心理機制が働くものと思われますが、学校・教職員が「より弱い立場」とされるケースが多く、クレームとカスハラの境界線を曖昧にしています。

　また、過剰とも思われるサービス提供が当たり前のようになった消費社会の進展や、SNSの普及により発信手段が容易になったことも大きな要因と言われています。このような時代背景があることから、「不当な要求を繰り返すカスハラ加害者には、時代の犠牲者という側面があるかもしれない」[1]との指摘もあります。

(3)　教育の「サービス業化」

　保護者クレームが社会問題化した背景の一つに「教育のサービス業化」があります。「人々は、教師なのだからどんな教育サービスにも応えられるスーパーな能力をもっているべきと思い（中略）、教師に対して、あらゆる教育サービスを要求」[2]するようになったとの見方です。

　保護者による学校への要求・苦情に関しては、「70年代は『我慢』、80年代は『お願い』、90年代からは『強要』」と言われることがあります。学校関係者の経験則ですが、「教師はサービス労働者、保護者・子供は消費者（顧客）なのだから、消費者のニーズに従うのは当たり前という市場原理主義的な発想が『モンスター』の横行を許してしまう」[3]状況に至った背景を端的に言い当てています。

　その原因については諸説紛々ですが、一つが、「親と学校の関係に変化が見られ始めたのは90年代以降、『学校教育は教育サービス』という意識が浸透してからです。そのきっかけのひとつは、文部科学省が教育行政についての表現で『サービス』という言葉を用い始めたこと」[4]との指摘です。

　1980年代の校内暴力期、学校・教師が生徒の傍若無人な振る舞いに屈していった情景を目の当たりにした世代が、「理不尽な苦情

や無理難題の要求でも許される」と「学習」したためという「世代論」から説明されることもあります。

さらに、「開かれた学校」が提唱され、「学校の敷居が低くなった」ためであるとか、児童生徒、保護者への「寄り添い」の姿勢が強調されるようになったため等多様な見解がありますが、原因論はさておき、「学校が一度サービス業へと舵を切ると、なかなか後戻りはできない。保護者のほうも、やってもらって当然だと思ってしまうから」[5]との現状報告は深刻に受け止める必要があります。

(4) 「サービス業化」が生み出すクレームへの対応

このような「教育のサービス業化」の進展に学校はどう対応すればよいのでしょうか。

長年、百貨店等での「お客様クレーム」に対応してきた関根眞一氏は、保護者クレームを「サービス業の現場で起こっている苦情とは少し違う（中略）学校の苦情の難しさは、学校の先生方が苦情処理に慣れていないというだけでなく、『プロの苦情対応者でも判断に困るような内容』である」[6]としながらも、学校・教職員にもっと対処法を学ぶことを推奨しています。

今津孝次郎氏は、「教育サービスを供給する学校と、顧客としての子供と保護者という『教育市場』が新たな見方とな」り、「教育市場では少子化が進むほど顧客に主導権がある」との現状認識に基づき、「製造会社の会社がクレームを商品の改善に生かすように、クレームを積極的に取り込んでクラスや学校の経営に生かす」ことを提案しています。

具体策として、「①少しでも距離をおきながら冷静に接する、②クレームの背後に潜む本音は何であるかを探る、③保護者の欲求に共感しつつ同時に学校の基本方針や判断も明確に伝える」[7]点をあげています。

〈注〉
（1） 桐生正幸『カスハラの犯罪心理学』集英社インターナショナル、2023 年。

（2）　喜入克『教師の仕事がブラック化する本当の理由』草思社、2021 年。

（3）　大森与利子『「心いじり」の時代——危うさとからくりを読み解く』雲母書房、2013 年。

（4）　諸富祥彦『いい教師の条件』SB クリエイティブ、2020 年。

（5）　齋藤浩『教師という接客業』草思社、2020 年。

（6）　関根眞一『となりのクレーマー——「苦情を言う人」との交渉術』中央公論新社、2007 年。

（7）　今津孝次郎『教師が育つ条件』岩波書店、2012 年。

4. 行き過ぎた「心理主義化」

（1）　クレーム増加の裏に潜む「子供天使論」

「保護者からのクレームは、学校の情報伝達不足、教職員の不適切な言動、保護者自身が抱える問題等、その『源流』には幾筋もの流れが見られるが、中でも、保護者が『子供の話を鵜呑みにする』ことによって、小さなクレームの一滴が、激流となって学校に襲いかかる事例は少なくない」[1]。

「子供の話を鵜呑みにする」というテーマで 10 年前に書いた文章の一部です。親の関心を引きたい、嫌われたくない、何らかの利得を得たい等の理由から、子供が偽りの情報を親に伝えることがあります。その心情は理解できますし、子供を信じて子供の「最善の利益」を守ろうと奔走する親の姿勢にも共感できます。

しかし、それが事実無根の理不尽クレームに発展する等、子供・保護者・教職員に大きな痛手を与えるようなことがあってはなりません。このような事態が起きる背景には、自分の子供は純真無垢で嘘などつくことはないと信じる「自子主義」があります。

「子供は汚れなく純粋で無限の可能性を持つというのも、近代の物語＝迷信のひとつである（中略）1980 年代、学校はジャーナリズムのこういう子供無垢説に引きずりまわされた」[2] との指摘に、かつて報道された「日本と内乱・貧困に悩む国の高校生の討論会」での様子を思い出しました。

テーマは「子供の人権」。人権を侵害された例として「ブランド

の服を買ってもらえなかった」「学校に遅刻すると厳しく叱られる」等の発言を続ける日本の高校生に、他国の高校生はあきれ顔になったそうです。自由や自主を標榜する「子供天使論」に異論はありませんが、「行き過ぎた」あるいは「誤って受け止められた」場合は問題です。次のような警鐘が鳴らされてきました。

「自由という美名のもとに抑圧からの解放のつもりで、子供の自主性を尊重しても何も生まれようがない」[3]「『子供を信じて全面的に任せよう！』といった主張がいかに薄っぺらなものであるか、いかに子供の独善と仮想的自己愛を育てるだけのものになりがちであるか、よくよく考えてみたいものです」[4]。

いずれも薫陶を受けた方の言葉です。「こどもを『ど真ん中』に」をキャッチフレーズにさまざまな施策が進められていますが、真の「子供中心主義」を実現するためには、忘れてはならない視点ではないでしょうか。

(2) 行き過ぎた「子供天使論」

令和5（2023）年4月、「こども家庭庁」が発足し、同時に「こども基本法」が施行されました。平成6（1994）年に批准された「児童の権利条約」の理念を実現するためには、大きな「追い風」となることが期待されます。「児童に関するすべての措置をとるに当たっては、（中略）児童の最善の利益が主として考慮されるものとする」（第3条、政府訳）施策・取り組みの前進は喜ばしいことです。

しかし、「こども基本法」の報道には首を傾げたくなりました。多くが、子供の意見表明権を取りあげ、十分に達成できていない現状を嘆き、批判する内容でした。「こども家庭庁と文部科学省が不登校対策で協働する」とのくだりでは、最人関心事が「校則問題」とされていました。貧困、児童虐待、いじめ、ヤングケアラー問題等、子供の最善の権利を守るための取り組みは山積しています。まずすべきことは「最善の利益」を守ってもらえていない子供たちへの支援です。

令和5年12月22日、こども基本法を基に「こども大綱」が閣議決定され、「こどもまんなか社会」づくりへの呼びかけがされました。さまざまな子供をめぐる問題を俯瞰すると、子供中心主義の施策の展開が望まれます。

　しかし一方で、行き過ぎた「子供天使論」の弊害も随所で見られます。「行き過ぎた」点の検証と是正は、「こどもまんなか社会」の実現には必須事項です。そのためには、生徒指導上の課題への取り組みが「個人の心の内面」に偏り過ぎている現状の見直しが必要なのではないでしょうか。

　言葉の言い換えにも気になることがあります。かつて、生涯学習関連の会議で「登校・下校」を「出校・帰校」に改めるよう求められたことがありました。「適応指導」を「教育支援」に、「不登校特例校」を「学びの多様化学校」とすることは十分納得がいきますが、変更の必要性に疑念を抱くケースがあります。

　代表的なものが、「問題」の「課題」への言い換えです。文部科学省が実施する問題行動等の調査名が変更されたのは、教育の機会確保法の趣旨からも納得のいくものですが、たとえば「青少年の自殺が増えている」ことは「問題」（「目標・理想」〈自殺ゼロ〉と現況のギャップ）で、「課題」は「青少年の自殺を減少させること（ギャップを埋めるための改善・解決・実現を図る取り組み・策）」のはずです。試みに、生徒指導関連書籍12冊の「原理・理論・意義」を述べた部分を年代別に調べたところ、2000年以前（4冊）は問題（44）・課題（9）、2009年まで（4冊）は問題（65）・課題（44）、2010年以降（4冊）は問題（23）・課題（94）という結果でした。

（3）　行き過ぎた「心理主義」

　いじめ問題研究の第一人者である森田洋司氏は、自著『いじめとは何か──教室の問題、社会の問題』[5]のなかで、「日本はとりわけ被害者対策に重点が置かれ、『こころの相談体制』の充実に力を入れている。それは、90年代の日本社会の『心理主義化』傾向と

無縁ではない」としたうえで、「日本のいじめ問題は、『第3波』を経験し、個人の心構えへの対応から、徐々にではあるが、社会的な地平での取り組みへと移行する動きが現れてきている」と、いじめ対策の方向性を示唆しています。

「心理主義化」への懸念・批判の論調は、2000年代になってから目立ち始めました。「『心の専門家』が参入しても、学校の問題をよりこじらせこそすれ、解決の方向をみいだすことができるはずもない」[6]「スクールカウンセラーへの過剰期待と妄信の解消が目指されるべき」[7]「『心の専門家』とマスコミという両者の宿命的特性が、地下水脈でつながり、相互に共鳴し増幅し合っている」[8]「これまで日本の教育現場で行われてきたいじめ対策は、生徒の『心』ばかりに注目して手を施そうとしてきた」[9]等、「心理主義一辺倒で大丈夫か」という懸念の表明が主たるものでした。

個人的体験で恐縮ですが、日本のいじめ対策の特徴を裏付けるエピソードを1つ取りあげたいと思います。

18年前、いじめに係る絵本[10]の企画に加わらせていただいたのですが、日本での売れ行きは芳しくなかったようです。「いじめに立ち向かう子供」という設定に問題があったと考えられました。ところが、韓国語版・中国語版は、今なお売りあげ数の報告が届きます。「ひとりでがまんしないよ！」というテーマで、「おとなにはなそう」「『やめて』といってみよう」等の勧めが、「いじめられる子がかわいそうだからやめよう」という「いじめに向かわない態度」の育成と相容れなかったのでしょう。

外国のいじめ対応に目を転じると、予防プログラムの徹底、財政支援の確立、教師サポートの充実、犯罪としての位置付け、加害者の監視・強制転校の実施、防犯カメラ設置等、目を見張るものが続きます。

(4) 「これまで」の糧を「これから」に活かす

森田洋司氏が前掲書で、誰もが「限られた財源とマンパワーのなかで、それぞれにできることは、やり尽くしてきた」と評価しつつ、

「打つ手を尽くしたとしても状況に大きな変化がない限り、私たちは対応の焦点が的を射たものであったかどうか、正鵠を得たものであったとしても対応が限界に達しているとすれば、異なった切り口からの対応策があるのかを見極めなければならない」と提言しています。真剣に取り組まなければならないと思います。

　一つの例としてスクールカウンセラーを取りあげます。

　スクールカウンセラーは平成7（1995）年度から、活用調査研究委託事業として、全国154校でスタートしました。平成13（2001）年度からは、活用事業補助として全公立中学校を対象に予算化され、その後図3にあるとおり年々拡充されてきました。

図3　スクールカウンセラー配置校（文部科学省資料より）

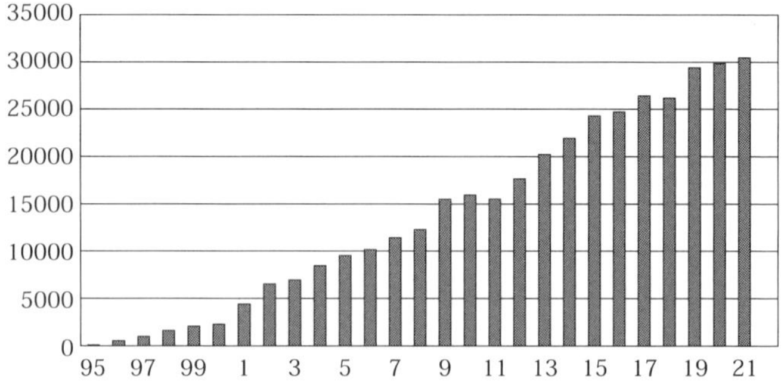

　学校へのカウンセリングの専門家の導入は、心理の専門家からの助言・指導を受けられることから大きな成果をあげていますが、対象者の増加に見合う十分な人員が配置されていなかったり、対象とする問題が多様化・複雑化したりする等のため、学校における相談体制の確立は十分とは言えない状況です。

　学校における教育相談のあり方については、かつて「低い山」派（すべての教師が教育相談の基本的資質を身に付ける）と「高い山」派との間で議論がありました。スクールカウンセラー配置のさらなる充実（「高い山」の構築）はもちろん歓迎すべきことですが、近年、教師対象の教育相談研修が減少していることには不安を覚え

ます。

　発達支持的生徒指導が重視されるなか、すべての教師が教育相談の考え方・姿勢を修得し、個別面談だけでなく、授業、学級経営、生徒指導等、あらゆる教育活動に活かすことが大切です。保護者との信頼関係の構築やチーム学校による指導体制の確立にも必ず役立ちます。

　スクールカウンセラーの配置に限らず、さまざまな施策について十分検証する機会を設け、「足らざるを補う」ことが重要です。本書でも、第2部において、「これまで」を振り返った成果を基に、「これから」の方向性を模索していきたいと思います。

〈注〉
（1）　嶋﨑政男「子供の話を鵜呑みにする親」『児童心理臨時増刊』2014年4月号、金子書房。
（2）　諏訪哲二『学校のモンスター』中央公論新社、2007年。
（3）　國分康孝『学校カウンセリングの基本問題』誠信書房、1987年。
（4）　梶田叡一『人間教育の道――40の提言』金子書房、2022年。
（5）　森田洋司『いじめとは何か――教室の問題、社会の問題』中央公論新社、2010年。
（6）　小沢牧子『「心の専門家」はいらない』洋泉社、2002年。
（7）　吉田武男・中井孝章『カウンセラーは学校を救えるか――「心理主義化する学校」の病理と変革』昭和堂、2003年。
（8）　吉田武男・藤田晃之『教師をダメにするカウンセリング依存症――学級の子供を一番よく知っているのは担任だ！』明治図書、2007年。
（9）　内藤朝雄『いじめ加害者を厳罰にせよ』ベストセラーズ、2012年。
（10）　嶋﨑政男（監修）すみもとななみ（絵）『ひとりでがまんしないよ―いじめにまけない（じぶんでじぶんをまもろう）』あかね書房、2006年。

第2部 「これから」を切り拓く

保護者との協働関係を築く

1. 3つの「先」で「己」を開く

(1) 保護者との相互理解を深める

　保護者とともに目標に向かって（たとえば、いじめの解決や不登校の解消）一緒に活動する（協働）ことは、単にその力が倍増するということではなく、その様子を見守る児童生徒に安心感を与え、問題の解決や課題の実現に相乗効果をもたらします。

　このためには、「相互理解の深化➡人間関係の確立➡協働意欲の醸成➡役割機能の遂行」の流れを円滑に進めることが大切です。本章では、それぞれの段階を、①3つの「先」で「己」を開き相互理解を深める、②3つの「R」で「心」を掴み人間関係を培う、③「A・B・C」で「力」を合わせて目標を達成する過程をまとめます。

　第一に、①の「相互理解の深化」です。保護者と協働するには、お互いが「よく知り合うこと」が基盤になります。教職員がすべきことは、まず自分自身を保護者に知ってもらうことです。「この人なら信頼できる」「この人なら子供を任せられる」との思いを抱いてもらうことが大切です。

(2) 「技」より「心」が先

　生徒指導も学習指導も、指導の成果は「心」（指導姿勢）と「技」（指導技術）の総和で表すことができると言われています（図1）。

　指導の技術が優れていても、児童生徒との接し方に問題があったりすると、学習意欲が湧かず、結果的に学習効果を伸ばすことができません。このような現象は、学校に教育相談を定着させようとする時期に各地で見られました。教育相談の技法を学んだ教師が校内に教育相談室を設け、「相談事があったらいつでもおいで」と児童生徒を誘うのですが、お客さん（相談者）が訪れないという状況で

図1 「指導姿勢」と「指導技術」

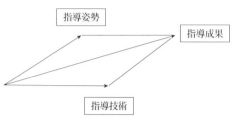

す。

　教育相談に関する専門的技法を学んでも、児童生徒に対する愛情・関心・親しみ等の人間性に欠けていたら、商売（相談活動）はあがったりです。そのような教師が「閑古鳥　今日も騒がし　相談室」などと揶揄されたのは「心」より「技」を優先させたためでした。

　これは教育相談に限ったことではなく、児童生徒だけに対することでもありません。技法（わざ）に溺れ、その根底にある心（気持ち・姿勢）を忘れてしまったのでは、信頼関係は築けませんし、成果はあがりません。

　教育相談の「心」は「カウンセリングマインド」という和製英語で知られています。この言葉は、日本学校教育相談学会初代会長・小泉英二先生が雑誌[1]の座談会で使用して以来、「教育相談の心（考え方・姿勢）を大切にした児童生徒等への接し方」を意味するものとして定着していきました。

　カウンセリングマインドは人と接するときの「技術」ではなく、「心」（気持ちの持ちよう）と説明されますが、具体的には、「相手の話をじっくり聞く、相手と同じ目の高さで考える、相手への深い関心を払う、相手を信頼し自己実現を助けるといったことがその中心をなしている」[2]とされ、「教員は、こうした姿勢を備えることによって、初めて子どもたちとの間に共感的な関係をつくり、子どもたちから信頼される相談相手となり得る」[2]と期待されました。

　この文章にある「子ども」を「保護者」に置き換えると、保護者に「自分のことを知ってもらう」第一歩は、策を弄するより素直に向き合うことであることが理解できます。「技」より「心」が「先」です。一つ目の「先」です。

(3)　「客観的事実」より「心理的事実」が先

　「心理的事実」と「客観的事実」については、第１部§２第２節でも触れましたが、ここで強調したいのは「客観的事実より心理的事実が『先』」ということです。この視点から、教職員の指導姿勢・方法を振り返ると、客観的事実から入る指導がいかに多いかということに気づかされます。２つのエピソードを紹介します。

　教育委員会勤務のときでした。小学校２年生女児の母親が事務局を訪れ、「A小のB先生を辞めさせて」と大声で叫びました。貼り出された遠足のスナップ写真を見て、「うちの子がブスに写っているのではずしてほしい」と申し出たところ、断られたための怒りでした。

　B教諭に確認したところ、「プロのカメラマンとして30年以上やっている人の撮った写真なので外せない」と答えたとのことでした。母親は「30年以上」などという客観的事実が聞きたかったわけではありません。「うちの子が〜」という言葉に母親の心理的事実を察していれば、「可愛い子なのに、どうしたのかな。光の加減ですかね」などという返答ができたでしょう。「うちの子はもっと可愛いはず」という母親の心理的事実をしっかり受け止めることが「先」でした。

　２つ目は、初任者対象の教育相談研修会で講師を務めたときのことです。「遅刻して教室に入ったA君が『父ちゃんに殴られて頭にきた』と言いながら、最前列の子の机を倒したとき、どう対応しますか」との問いかけに、「『そうか。痛かったでしょう。辛かったね』と声をかけます」と威勢よく答えてくれた男性教師がいました。

　A君の心理的事実をしっかり受け止めた点を称賛した後、「それから？」と問うと返答はありませんでした。「この場合の客観的事実は」との質問には「机を倒したこと」と即答しましたがそこまででした。

　「心理的事実が『先』」が大切なのであって、客観的事実への対応は無視してよいということではありません。

保護者の場合も、「保護者の立場に立って保護者の心理的事実を受け止め、教師の立場に戻って客観的事実をともに考える姿勢」が求められるのではないでしょうか。そこから「相互理解」が出発します。

(4)　「マイナス面」より「プラス面」が先

　誰もが必ず「よい所」を持っています。児童生徒自身もその点を認めてもらえれば嬉しいし、「このままでいいんだ（let it be・let it go）」という自己存在感を味わうことができます。保護者もわが子の「よさ」を指摘されれば心が満たされます。

　50年前。教職に就いた年に『兎の眼』[(3)]が発行されました。教職への道を歩むことに不安を覚え、「『後にできる道』を振り返ることさえせずに、『目の前の道』を歩む勇気を失くしてしまった時」[(4)]、いつも手に取りました。どの子にも「よさ」を見出し、けっしてあきらめることなく教職の道を歩む新任教師のひたむきさに勇気づけられました。先輩教師からの一言、「ああいう子どもこそタカラモノが一杯つまっているもんだ」を確認するために必死にページをめくりました

　「やまびこ会」を主宰し、全国の教師を支え続けた山田暁生先生には直接ご指導いただいた機会は少ないのですが、一番弟子として遺志を継いで活躍する中野敏治氏は、「多少欠点があってもそれを上回る長所や面白みがある人間」[(5)]の重要性を説いています。まさに「プラスが先」です。「全ての子どもに光がある。その光に気づいてあげなければ」。これは山田先生の言葉です。

　児童生徒の「タカラモノ」や「光」を保護者と共有することができたら、保護者との相互理解が深まります。このためには「肯定的理解」の姿勢が求められます。

　たとえば、子供が「○○（級友）を殴ってやりたい」と訴えたらどうしますか？　「友だちを殴ったらダメ」と客観的事実に反応することが多いと思われます。「そんなに悔しい思いをしてるんだ」と心理的事実を受容するのもすばらしいですが、さらに、この言葉

自体に「よさ」が発見できないでしょうか。

　「殴ったりしてないよね。我慢できているんだ」「そんなことする前に話してくれてありがとう」等と、まずプラス面に目を向けられる。これが肯定的理解です。「学校からの連絡は、子供の悪い点の指摘ばかり」とは、多くの保護者の声です。保護者との日常のやりとりを見直す必要があります。

　家族療法や短期療法でよく使われる手法にリフレーミングがあります。「リ（再び）・フレーム（枠組）」ですから、「これまでと違った枠組から見る」ことです。「手法」と前述しましたが、これを「技」と考えると、ポジティブシンキング（前向きな考え方）の長所・短所の両面が表れてしまうことがあります。

　両親との面談の折、「父親なのに決断力がなくて、なかなか決められないのです」と父親を詰る母親に、「何事にも慎重なのですね」とリフレーミングの発言をした場合など、父親が「今日は確実な結論を出そうと思っています」とプラスの方向に向かうことがあります。逆に、取って付けたような話し方は母親の心情を害し、「自信がないだけなんです」のような発言を誘発してしまいかねません。

　「週に5日は自分で起きられないのです」と訴える保護者に、「週に2日は自分で起きられるのですね。それって、どんな日ですか」と「できている『2日』」に焦点を当てることを「例外探し」と言います。「できていない『5日』」を責めるより建設的です。

　このように、「肯定的理解」「リフレーミング」「例外探し」に共通するのは、「プラス面が先」という日ごろの「姿勢」です。「技法」ととらえるのではなく、会話のなかで自然と湧き出るとすばらしいことです。

〈注〉
（1）　小泉英二他「生徒指導この10年をふり返って」『月刊生徒指導』1980年3月号、学事出版。

(2) 中央教育審議会答申「新しい時代を拓く心を育てるために─次世代を育てる心を失う危機─」1998年。

(3) 灰谷健次郎『兎の眼』理論社、1974年。

(4) 嶋﨑政男『「教師に向かないのでは？」と自問する先生への助言77』明治図書、2009年。

(5) 中野敏治『一瞬で子どもの心をつかむ15人の教師！』ごま書房新社、2019年。

2. 3つの「R」で「心」を掴む

(1) 保護者との人間関係を培う

保護者との人間関係を築くための第2ステップは、お互いの「心」（気持ち）を理解しあうことです。このためには、相互にリスペクト（尊敬）し、リレーション（信頼できる関係）を結び、リソース（よい点・強み）を認めることが大切です。

(2) リスペクト（尊敬・尊重）

保護者対応に関する教職員研修会では、「あなたの学校の『リスペクト度』」と銘打って、次のようなチェックリストに答えてもらっています。ある小学校で実際にあった事例を基に一部改変したものです。自校であったら同じような対応をするか否かを問うものです。

〈事例〉小5のクラスで、A君のB君に対するいじめを察知した学級担任がA君の指導の一環として、A君の保護者に来校を求め、校長室で、母親と面談した。

〈評価〉「あなたの学校の『リスペクト度』」

①A君の家に電話をしたとき、母親の都合を聞くこともしないで、時間・場所を一方的に指示する ………………………………… □

②母親が来校したとき、誰も玄関で出迎えない ……………… □

③校長室では、校長・教頭・生徒指導主事・学年主任・担任（全員男性）が待ちうける ………………………………………… □

④校長室の室内環境の整備にはとくに気を遣うことはしない…… □
⑤教員側は座ったままで、母親に着席を促す……………………… □
⑥教員は横一列に並び、母親と向き合う座席配置とする………… □
⑦お茶を出したりはしない………………………………………… □
⑧管理職が名刺を手渡すことはしない…………………………… □
⑨学校側がA君の非を責め立て、母親の意見は聞かない………… □
⑩話が終わったら、誰も母親を玄関まで送らない………………… □

〈解説〉

①保護者に来校を求めるとき、「呼び出し」感覚ではありません
　か?

　子供が悪いことをしたのだから、教師の指示に従うのは当然だ。
そんな気持ちになっていませんか。相手の都合を聞かずに一方的に
時間や場所を指定することは、「非常識」と詰られても仕方ありま
せん。保護者に来校を求める目的は何でしょう。保護者とともに問
題の解消に向けての話し合いをするためではありませんか。

②不安な気持ちで来校する保護者に思いを馳せていますか?

　突然の学校からの電話に、保護者は動揺しているはずです。そん
な不安な気持ちを理解できていれば、玄関で待ち、来校の労をねぎ
らいながら、面談の会場まで案内することができるはずです。

　ずいぶん前のことですが、「保護者に来校を求めるときの“よく
ないかかわり”」(1) という標語をつくりました。「く」で始まる標
語は、「暗い門　顔を隠して　くぐり来ぬ」です。校門を入るとき
の保護者の心情は、顔を隠したいくらい動揺しています。

　ましてや、玄関までたどり着いたものの、どこに行けばよいか分
からなかったときの保護者を想像してみてください。ある高校にお
邪魔したとき、校長室を探して20分間校舎内を歩き回った経験が
ありますが、不安感と焦躁感の入り混じった「せつなさ」は今なお
覚えています。

　30年以上も前のこと。中学2年生の女子生徒が俳句コンクール

で入賞した句に目が留まりました。以来、この話（保護者が不安感を抱いて校舎内を歩き回る）をするときは必ず紹介させてもらっています。来校を求められた母親の姿を求めて、ようやく探し当てたときの心境を詠んだものなのでしょう。

　「夕野分　母は呼ばれて　校舎の隅」。

③「保護者の数より多い人数で」にこだわっていませんか？

　ここでは２つの問題点が指摘できます。

　１つは、母親と面談する教師側の人数です。多過ぎます。問題の状況を説明し、ともに手を携えて対応するための話し合いの場です。母親の不安を払拭し、「この先生となら一緒にがんばれる」と勇気づける場です。

　大勢の視線が降り注がれるなか、「何でも自由にお話しください」と言われても、心穏やかに話すことなどできません。そんな訴えを何度も耳にしました。そんなとき生まれた標語が「並び居る教師の数に　指を折る」でした。

　なお、管理職が来校の労をねぎらう言葉をかけることは大切です（いじめの被害者側の場合は必須です）。生徒指導主事等に対応を任せることができる場合は、「心配なことがありましたら、いつでも声をかけてください」と伝え、その場を退去することはあります。

　２つ目は、母親が来校することが分かっていながら、男性教員だけで応対したことです。「これをセクハラというのは過剰反応ではないか」との反論もありますが、来校者と同性の教職員が同席する配慮が求められます。

④面談場所を点検して整理整頓に努めていますか？

　「いじめ被害者の母親が担任との面談場所に、花丸のついた加害児童の書写の作品を発見した」「校長室での面談で、動静表の面談日欄に『懇親会』と書かれているの見た保護者が激怒した」。このような事例をあげ、「誰がどこに座るかを決めるときには、親が座った席から何が見えるかのチェックを忘れないこと」[2]との提言に膝を打ちました。筆者自身、同様の経験が何度かあるからです。

　映画「怪物」でも、校長室に飾られた校長の孫の写真の位置が気になりましたが、後日、その点に言及した評論に出会いました。

　面接場所へのちょっとした心配りが、その面談の成否を決することさえあります。心したいものです。

⑤「命令調」で着席を促していませんか？

　自分たちは座ったまま、入室した保護者に座席を指さして着座を促す光景によく出会います。言葉遣いは「どうぞお座りください」とていねいですが、その命令調の響きはよい印象を与えません。入室を確認したら立ち上がり、保護者の着席を見届けてから教師側が座るというごくごく常識的な振る舞いができないようでは、マナー不足を指摘されても仕方ありません。

⑥座席配置に気を遣っていますか？

　学校に出向き教師と面談した折、7、8名の教師が一直線に並び、保護者と対峙するような座席配置に、「まるで被告席でした。取り調べを受けているようで恐かったです」という保護者の声を耳にしたことが複数回あります。これでは、「心情の吐露」など望むすべもありません。

　「どの位置に座るかで人に与える印象が変わる」という「スティンザー効果」では、正面に座る人同士は「緊張や対立」の意識が芽生えやすいと言われます。円形、ロの字型、三角形等、座席配置には、そのときの状況に応じた配慮が求められます。

　最近、「面談」という言葉に代わって「対話」が用いられることが多くなりました。精神医療界でも、「オープンダイアローグ（開かれた対話）」のポイントの1つに座席配置があるようです。同名書には「私は診療室の椅子の向きを変えて、その場にいる全員と輪になって話せるようにした。この小さな行動をとったことが、私にとってのオープンダイアローグが誕生した瞬間となった」[3]というくだりがあります。

⑦1杯のお茶が「その場の空気」を和ませた経験はありませんか？

　「1杯のお茶の絶大な効果には驚きました」。研修会に参加してく

だった方から、後日談として最も多く耳にするのがこの言葉です。「1杯のお茶を差し出すことで、その場の雰囲気が和みますよ」との推奨を実践してくれた方々からの「実践報告」です。

　あるカウンセリングの研修会で、「熱いお茶は保護者を興奮させてしまうのでは」との質問が出されたことがありました。「1杯のお茶」はそんなマニアックなものではありません。「気は心」です。茶碗を手にする保護者はごく少数ですが、「本題」前の緊張感を解く不思議な力を持っていることだけは確かです。お茶は「魔法の飲料」ではありませんが、その「おもてなし」の心はプラスに作用します。

⑧ 1枚の名刺が「魔法の力」を持つことを知っていましたか？

　4例とも父親とのやりとりでしたが、1枚の名刺の交換が「その場」を和ませ、後の話し合いが円滑に進んだ場面に出会ったことがあります。出張のため学校を後にした校長が、裏面に一言添えた名刺を教頭に託したことで、来校した保護者の信頼を勝ち得た事例もいくつか知っています。1枚の名刺が「魔法の力」を発揮することがあるのです。

　正反対の結果をもたらした場面に遭遇した経験もあります。差し出された名刺を無造作に受け取るなり机上に投げ出した校長は、以後、直接の面会を断られ続けました。1枚の名刺。「たかが名刺。されど名刺」です。

⑨「聴く」を基本にしていますか？

　「聞く・聴く・訊くは、みんな効く」といいます。時にリラックスして「聞く」ことも必要ですし、「訊く」ことで気持ちを引き出したり、好ましい成果を得たりすることがあります。しかし、基本は「聴く」です。相手の言葉にしっかり耳を傾け、「否定せず・遮らず・拒まず」、心理的事実（気持ち）を受け止めることが大切です。

　【よくないかかわり】に、「いい子とは　思いませんと　つい涙」があります。一方的に、子供の非を並び立てられるだけでは、来校

した保護者は「針の筵」です。そのうえ、同席した教師からの無味乾燥な「説教」を聞かされた（標語「理屈なら　とうにたっぷり聞き飽きた」）のでは、たまったものではありません。過去のことを詰られたり（標語「過去でなく　今できること　知りたくて」）、意味のわからない教育用語を並びたてられたり（標語「輝く言葉　家では光らず」）したのでは、信頼関係の構築など、夢のまた夢です。

⑩最後まで「リスペクト」の気持ちで接していますか？

　面談の終了時刻は冒頭で約束しておき、しっかり守ります。「保護者の時間」を奪うことは許されません。子供の非を責められた保護者の心情に思いを馳せ、玄関まで見送る途上で、できればフォローの声をかけるとよいです。担任が同行する場合が多いと思いますので、保護者から厳しい言葉が投げかけられることがあります。それは真摯に受け止め、来校の労をねぎらう言葉とともに、子供を勇気づけられるような言葉をかけることが大切です（標語「別れ際　ごくろうさまの　声もなし」）。

※【よくないかかわり】の「よ」について触れることができませんでした。小学校で実際に起こった出来事から作成しました。3年生の男子3名が万引きをした折、学校に引き取り、保護者に迎えを依頼したときのことです。1人の母親は接客の仕事中で電話に出られませんでした。そのため、担任は店長さん（標語では「職場の友」となっています）に「万引きをして捕まった子供を迎えに来るよう伝えてほしい」と依頼したのです。母親は万引きの事実を店長に話したことは「名誉毀損」に当たると猛然と抗議し、担任に「慰謝料」を請求したという事例です。

【よくないかかわり】
　保護者に来校を求めたときに留意したいことは、次の8項目です。
［よ］　呼び出しを　職場の友に　告げられて

［く］　暗い門　顔を隠して　くぐり来ぬ

［な］　並びいる　教師の数に　指を折る

［い］　いい子とは　思いませんと　つい涙

［か］　過去でなく　今できること　知りたくて

［か］　輝く言葉　家では光らず

［わ］　別れ際　ごくろうさまの　声もなし

［り］　理屈なら　とうにたっぷり　聞き飽きた

（3）　リレーション

　平成19（2007）年7月、校長向け書籍の巻頭対談で、諸富祥彦教授と対談をさせていただきました。多くの学びがありましたが、「『この先生はウチの子や私にとって味方だ』というふうに思ってもらえないと、何も進みません。まずはリレーションづくりを何よりも優先すること」[4]と力説された話しっぷりが忘れられません。

　諸富教授は自著のなかで、「"リレーション"こそ、あらゆるカウンセリングテクニックのベースである」として、「『心を開いて、瞬時にして気持ちと気持ちのつながり（リレーション）をつくる能力』これこそが教師に求められる人間関係力の中核をなすものなのです」[5]と保護者との人間関係づくりの「極意」を披露しています。

　リレーションづくりのポイントの一つが「相互理解」です。どのくらい相手のことを知っているかによって、人間関係の深まりが左右されます。図2に示した「ジョハリの窓」[6]は、アメリカの心理学者ジョセフ・ルフトとハリー・インガムが提唱したもので、自分というパーソナリティを4つの窓で表しています。

　対人関係においては、お互いの「開放の窓」（自分も他人も知っている領域）が大きく開かれることで人間関係の深化が期待できるということです。

　このためには、自分は知っているが相手には気付かれていない「秘密の窓」を開け放つことができるよう、積極的に「自己開示」を行うとともに、自分は気づいていないが相手は知っている「盲点の窓」を広げるため、相手からのフィードバックを求める必要があ

ります。

保護者対応に関する書籍や教育雑誌の特集では、リレーションづくりにかかわる内容が多く取りあげられています。クレームの未然防止だけでなく、実際の対応に当たっても重要な役割を果たすのが、保護者・教職員間の「豊かなコミュニケーション」であるためです。『保護者との対応』[7]には電話、面談、家庭訪問、連絡ノート、

図2 ジョハリの窓

	自分が知っている	自分が知らない
他人が知っている	Ⅰ 開放の窓 自己開示が進んでいる 「公開された自己」 （open self）→	Ⅱ 盲点の窓 他者からの情報が少ない 「自己理解が浅い自己」 （blind self）
他人が知らない	Ⅲ 秘密の窓 自己開示が 進んでいない 「隠された自己」 （hidden self）	Ⅳ 未知の窓 自分も他人も 分かっていない 「誰も知らない自己」 （unknown self）

配付物、授業参観、保護者会、PTA 等が、『保護者トラブルを生まない学校経営を"保護者の目線"で考えました』[8]には学校だより、学校行事、PTA、保護者会、面談、家庭訪問等が、『保護者対応で困ったときに開く本』[9]には、学校運営協議会、学校評議員、PTA 等が紹介されています。また、メールの活用に絞った書籍[10]などもあります。

保護者とのリレーションづくりの重要性が今ほど必要なときはないと思うのですが、その実現を図る学校環境は厳しさを増すばかりです。不要論の誕生から廃止に追い込まれる PTA の続出、働き方改革や個人情報保護の流れのなかで消えていく家庭訪問・個別面談等、教職員と保護者が直接対話できる機会は減少の一途を辿っています。

働き方改革は急務ですが、「子供と向き合う時間」とともに「保護者と向き合う時間」の確保をめざすことで、「クレームの芽」は

早期に発見され、すぐに摘み取ることができます。保護者と教職員の間には強いリレーションが求められます。

（4）　リソース

　リソースとは「資源」と訳されますが、物的・人的なものだけでなく、希望や意欲等の心理的なものも含みます。「ある個人の中にある力（能力）・興味や関心（好きなこと）・すでにやれていること（これらを『内的リソース』と呼ぶ）、および、ある個人の周囲にあって、その個人を支えている人々・生き物（ペットや植物など）・物（これらを『外的リソース』と呼ぶ）」というように、内的・外的に分けることがあります。

　保護者の持つリソースを理解し指摘することで、保護者は自分へのリスペクトを十分感受するとともに、リレーションの深まりを確かなものとすることができます。このようにして、リスペクト・リレーション・リソースが強固に繋がり、保護者の「心」を掴むことができるようになります。

　児童生徒のリソースに気づいたときに、電話や連絡帳等を通して、保護者に伝えることも大切です。保護者が既に認識していることであれば、再認識することができますし（自己確認）、まだ認識していないことであったら、わが子の「プラス面」を気づかされ驚きや喜びの感覚に包まれること（自己拡大）ができます。

　このように、日ごろから児童生徒や保護者に関心を持ち、リレーションづくりを進めるなかで、リソースは自然と蓄積していきます。しかし、時には意図的・組織的に「リソース探し」を行う必要性に迫られることがあります。リソースが問題解決や課題の達成に役立つと判断されるときです。

　「リソース探し」は次のような手順で実施します。「理不尽な要求を繰り返す小学生男児の母親への対応」に悩んだ担任の要望を受け、該当学年の担当教師と教育相談担当者5名で行った事例を示します。

①担任（事例提供者）が問題の概要を説明する。

②参加者全員に1辺5cmの糊のついた付箋を配付する。

③各自、「1枚に1つ」母親のリソースを記入する。

④各自、ホワイトボードに付箋を貼り付ける。その際、同じ内容のものは重ね、関係が深いものは近接する場所に置く。

⑤全員が掲示し終えたら、ファシリテーター（進行役）が参加者の意見を聴きながら、付箋の位置を移動したり、関連事項を線で結ぶなどして〈リソース図〉を完成させる。

⑥事例提供者から、「使えそうなリソース」を選択してもらい、参加者からは活用に当たっての留意点等の意見を募る。

※この事案では、「バレーボールが得意」「○△というママさんチームで活躍」と書かれた付箋を見た参加者の一人が「○△チームにはPTA会長も所属している」と発言し、「PTA会長と同じチーム」という付箋が追加され、「PTA会長の助言を得ながら対応策を考える」という「策」が「連絡帳を複数の目で見て、男児のよい点を伝える」に加わりました。

〈注〉

（1）　嶋﨑政男『図解・生徒指導』学事出版、1994年。

（2）　ヴィヒャルト千佳こ「こじらせない保護者対応の基本」『教職研修』2023年12月号、教育開発研究所。

（3）　森川すいめい『感じるオープンダイアローグ』講談社、2021年。

（4）　諸富祥彦『頼れる校長の「保護者クレーム解消」の技術』教育開発研究所、2008年。

（5）　諸富祥彦『図とイラストですぐわかる　教師が使えるカウンセリングテクニック80』図書文化社、2014年。

（6）　嶋﨑政男『新訂版　教育相談基礎の基礎』学事出版、2019年。

（7）　國分康孝・國分久子監修、岡田弘・加勇田修士・佐藤節子編『保護者との対応』図書文化社、2003年。

（8）　永堀宏美『保護者トラブルを生まない学校経営を"保護者の目線"で考えました』教育開発研究所、2018年。

（9）　佐藤晴雄編『保護者対応で困ったときに開く本』教育開発研究所、

2012年。

（10）　米田昌弘『保護者クレームはメール活用でゼロになる』幻冬舎、2014年。

3.「A・B・C」で「力をあわす」

（1）　保護者との連携協働を進める

　自分のことをよく知ってもらい（己を開く）、相互理解が深まると、心の通じ合えるリレーションが結ばれます（心を掴む）。ここまでくれば、保護者からのクレームが問題になることはまずないでしょう。仮にあったとしても、保護者と力をあわせることで、解決への「道を進む」ことができます。

　さらに、保護者との協働意欲が高まれば、子供が主体的に自らを発達させていく過程をともに支える発達支持的なはたらきを共有・協働していくことができます。ところが、これまでは学校と保護者の関係は「保護者クレーム」という視点から論じられ、「保護者の攻撃的姿勢の鎮静化」「敵対関係の解消」等が主題となっていました。いわば「消極的対応」が論議の中心にあったということです。

　筆者は自著[1]のなかで、保護者対応に役立つものとして、交流分析、論理療法、ブリーフセラピー、ユング心理学、アドラー心理学、構成的グループエンカウンターの概要を紹介しました。会沢信彦氏が「伝え方のテクニック」[2]として取りあげた、アドラー心理学、解決志向ブリーフセラピー、論理療法、アサーションとは、アドラー心理学とブリーフセラピーが重なりました。

　これらの考え方・手法を改めて見直してみると、現に厳しいクレームに悩む教職員の支援に役立つだけでなく、「良好な協働関係」の構築に必要な、「積極的対応」と言える「攻め」の考え方・手法であることが分かりました。「保護者との対話を縁として、よりよい関係づくりに臨んでいただきたい」[3]という、クレーム問題の専門家からのエールを力強く受け止めることができるものです。

　そこで本節では、消極的（問題解決的）・積極的（発達支持的）

双方に活用可能なアドラー心理学とブリーフセラピーを取りあげる
とともに、主体性の尊重・解決志向をめざすという共通点のある
コーチングを加え、保護者対応・協働の「3つの力」とします（ア
ドラー心理学〈Adler〉・ブリーフセラピー〈Brief Therapy〉・コー
チング〈Coaching〉ですから、頭文字を繋ぎ「A・B・C」と表示
します）。

(2)　アドラー心理学

　アドラー心理学は、フロイトやユングと並び称されるアルフレッ
ド・アドラーによって創始されました。日本での歴史は浅いのです
が、その考え方は急速に広がり、人材育成・組織経営[4]から育
児・教育まで、その理論を援用する取り組みが盛んに行われていま
す。

　教育関連では、「学級経営に困ったときのアドラー心理学」とま
で言われるように、学級経営における応用[5]が目立ちます。生徒
指導においても有用な考え方・手法が多々ありますが、ここでは基
本的な考え方を4点取りあげます。

①目的論

　何らか出来事があったとき、「なぜ起こったのだろうか」と原因
を探ろうとすることが多いのですが、アドラー心理学では「原因
論」ではなく、「目的論」の立場から考えます。「何のために（何が
目的で）起こしたのだろう」と。

　子供に不適切な行動があったときの保護者との対話でも、過去に
遡って原因を追及するのではなく、「今、私たち（教師・保護者）
にできることを考えましょう」という姿勢で臨みます。「なぜ？」
「どうして？」と責めるのではなく、「この行動をすることで、何の
目的を果たそうとしたのか」、とくに、「誰に向けてのメッセージな
のか」を重視します。

②肯定論

　アドラー心理学は「勇気づけの心理学」と言われます。不適切な
行動より適切な行動に注目し、「しっかり見ているよ」と認め、自

87

分の気持ち（うれしい、ありがたい等）を伝えます。これが「勇気づけ」です。

　短所や欠点より長所やリソースに注目し、他者との比較ではなく、その人なりの小さな努力や進歩に目を向ける姿勢は、児童生徒だけでなく、保護者も「勇気づけ」ることができます。子供の問題行動に自責の念を抱える保護者に、「小さな変化」を伝え、ともに喜びの気持ちを味わうことができたら、すばらしい「大きな一歩」になるでしょう。

③対等論

　「教師と子供は対等」との認識が求められます。「対等」は「同等」とは違います。当然、役割等の違いはありますから、すべてが同じ（同等）ではなくとも、「相互尊敬、相互信頼」を大切にした関係性が持てれば「対等」であると言えます。

　この姿勢で児童生徒と接すると、「〜しなさい」（指示・命令）が「〜してくれない」「〜してほしい」（依頼）に変わります。当たり前だと思っていた行為に対して、「ありがとう」「うれしいよ」という言葉が自然と口をついて出るようになります。

　膨大な資料を基に『日本苦情白書』をまとめた関根眞一氏は、他業種と異なる教師特有の弱点を、「教師自身が一番気づいていないことは、相手の言い分を受け入れてみようとする姿勢が最初からないことだ」[6] と喝破しています。「よくお話してくださいました。ありがとうございます」「私の受け止め方が間違っていました。ごめんなさい」。そんな言葉が交わされる対話にしたいものです。

④自己存在感

　アドラー心理学がめざすものに「共同体感覚」の育成があります。「所属感（集団の一員となっている）や貢献感（他者や集団に役立っている）」と説明されます。共同体は、家族、学校、学級等、自分が所属する集団すべてを指します。もっと広げれば、国、宇宙と限りなく広がる概念と言えます。

　そこでの「自分の居場所がある」「役に立っている」「メンバーと

の信頼感がある、協力し合える、尊敬し合える」「安心感が持てる」という感覚が「共同体感覚」です。現在「自己肯定感」が大流行ですが、その弊害に警鐘を鳴らす書 (7) も相次いで発行されています。アドラーの言う「共同体感覚」はあくまでも「自己存在感」であることを確認しておきたいと思います。

(3)　ブリーフセラピー

　ブリーフ（Brief）は「短期」を意味するので、ブリーフセラピーは「短期療法」と訳されます。問題解決の短期化をめざすには、解決志向（solution oriented）の考え方が有効なため、ソリューション・フォーカスト・アプローチ（Solution Focused Approach）がその代表的なものです。

　「問題ではなく解決の構築に焦点をあてる解決志向モデルは、問題から離れて子どもや家族の肯定的な面を全面的に押し出すので、教師にとっては受け入れやすいし、理解もしやすいモデルである」(8)と言われています。

　ブリーセラピーでは、問題の原因を追究するよりも解決の状態（ゴール）を見通し、解決に役立つリソースを探し当て、それを有効活用して解決に至るという経過をたどります。スタートは、「"問題"をどう解決するかではなくて、"問題"から一旦離れて、そもそも"解決"とはいったいどんな姿・形をしているのかをじっくり話し合っていく」(9)「解決の構築」です。

　「解決の構築」（ゴールの設定）をする際、「良いゴールが備えている要件」(8) とは、次の3点を言います。

①大きなことではなく、小さなことであること。

②抽象的ではなく、具体的に（できれば行動の形で）語られていること。

③否定形（～しない）ではなく、肯定的（～する）で語られていること。

　ゲームに夢中な子供を心配する母親との対話を例に考えます（Qは「質問」、○○は母親の子供）。

母親①：ゲームばかりして少しも勉強しないのです。〈問題〉

教師①：心配ですね。どうなればよいでしょう。〈解決像Q〉

母親②：入試のことも考えないと。〈大きすぎる解決像〉

教師②：入試の勉強に集中しているときが100点なら、今は何点
　　　　くらいですか？〈スケーリングQ〉

母親③：点数なんてつけられませんよ。イライラしてますよ。

教師③：少しは気持ちが安らぐときって？〈コーピングQ〉

母親④：友人とお茶するときぐらいですね。

教師④：そんなお友だちがいると助けられますね。〈リソースの確
　　　　認〉

母親⑤：お互い愚痴ばかりです。皆さん同じ悩みです。

教師⑤：どなたか少しはよくなったという方はいないですか。〈例
　　　　外を探すQ〉

母親⑥：Aさん。ゲームの時間を2時間以内と約束したんです。

教師⑥：何かよい手があったんでしょうか。〈リソースを問うQ〉

母親⑦：従兄弟の大学生が上手に説得されたそうです。

教師⑦：○○君には、そういう人はいないのですか？〈リソースを
　　　　問うQ〉

母親⑧：私の父とは相性がいいんです。

教師⑧：祖父の方が引き受けてくれたら何を話してもらいます？

母親⑨：週に2日の「ゲーム禁止日」。〈解決像が小さく具体的に〉

教師⑩：他には？〈「それから」「たとえば」等で絞り込むQ〉

母親⑪：欲張っても仕方ないので。

教師⑪：それがうまくいったら何点くらいの気持ちになれます？

母親⑫：80点ぐらいでしょうかね。

教師⑫：20点分が何が足りないのでしょう？

　このような対話から感じ取れることは、しっかり相手の話に耳を
傾けること（聴く）は大事なことですが、それ以上に「訊く」こと
が大切な役割を果たしていることです。

　たとえば、スケーリング・クエスチョンは「リソースや『例外』

（ほんの少しでもうまくやれているときやこと）を引き出すため、ゴールを設定するため」[10] に役立ちますし、例外を探す質問、例外を導いた原因を問う質問（成功の責任追及）、ストレスの解消（コーピング）をめざす質問等も効果的です。ミラクル・クエスチョンやタイムマシン・クエスチョン等も考案されています。

　さらに、「本人のことを暴力人間であるととらえ、問題を本人に内在化させるのではなく、『衝動性（問題）に本人が困らされている』ととらえ、問題を本人と分けて、本人の外に出して考える『問題の外在化』」[11] も問題への対処法を考えるときに役立ちます。

（4）　コーチング

　心地よい対話の秘訣が「傾聴」にあることは間違いありませんが、対話の相手や内容によっては、その後の姿勢が変わることがあります。図1は、ティーチング・リスニング・カウンセリング・コーチングを、相談相手の「困り感」と相談内容の「困難度」を2軸に取って、それぞれ最も関連性の深い位置に配置したものです。

図1　「傾聴」の4類型

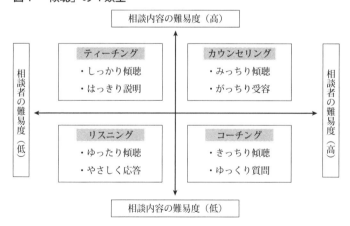

　このうち、コーチングは相談者が大きな悩みを抱えていても、その解決法を自ら見出せる内容である場合に効果的です。コーチング

がビジネス界に広がり、その活用が成果を上げているのは、職員の主体性の尊重が意欲・能力の向上に繋がり、生産効果を高めたという実績の積み重ねがあるためでしょう。

「相手のやる気を喚起し、目標を達成することをサポートするためのコミュニケーションスキル」[12]等、コーチングには多くの定義があります。根底にある考え方は、「馬を水辺に連れていくことはできるが、馬に水を飲ませることはできない」という逸話に象徴されるように、「教え込む・強制する」ことはできるが、最後に決断するのは本人なのだから、主体性の尊重が大切だということです。

コーチングの多くの解説書では、「答えを与えるティーチング」と「答えを引き出すコーチング」の違いの説明後、「傾聴・承認・質問」というコーチングの3大基本スキルを紹介していますが、すでに見てきたように、これらはカウンセリングにおいても重視されていることです。

学校へのコーチングの導入は、児童生徒対象(学習意欲の向上・生徒指導への活用)と、教職員対象(人材育成・組織マネジメント)という2つの目的から導入が始まりました。DVD「学校におけるコーチング」[13]は、後者を目的として作成されました。

ここでは、コーチングの基本的な進め方を「GROW モデル」と紹介しています。児童生徒はもちろん保護者とのコーチングにも活用可能です。次のような、5つの段階の英語の頭文字から名付けられたもので、「R」が連続して2回登場するため「GR²OW」とすることもあります。

①目標の明確化(GOALS):「何を、めざすのか」をはっきりさせる。「何をする」「いつまでに」等。

②現状の把握(REALITY):「本当の問題」を見極める。「今は何点くらい」「心配なことは」等。

③資源の発見(RESOURCE):「利用できそうなもの」を探す。「使える物は」「誰か助けてくれる」等。

④選択肢の創造(OPTIONS):「別の方法」がないか考える。「他に

は」「立場が逆だったら」等。

⑤意志確認・計画策定（WILL）：「実現に向けてのやる気」を確認
する。「何時までにする」「最初は何から始める」「私にできるこ
とは」等。

〈注〉

(1)　嶋﨑政男『“困った親”への対応──こんなとき、どうする？』ほんの森
出版、2005 年。

(2)　会沢信彦「伝え方のテクニック」諸富祥彦編『頼れる校長の「保護者の
クレーム解消」の技術』教育開発研究所、2008 年。

(3)　関根眞一『なぜあの保護者は土下座させたいのか───謝罪事件から見
えた新モンスターペアレント問題』教育開発研究所、2015 年。

(4)　小倉広『アドラーに学ぶ部下育成の心理学』日経 BP、2014 年。小倉広
『アドラーに学ぶ職場コミュニケーションの心理学』日経 BP、2015 年。

(5)　野田俊作・萩昌子『クラスはよみがえる──学校教育に生かすアドラー
心理学』創元社、1989 年。椎名薫『あなたの学級こうしてリフレッシュ
──学級崩壊しない・させない教師の対応』学事出版、1999 年。会沢信
彦・岩井俊憲編著『今日から始める学級担任のためのアドラー心理学』図
書文化社、2014 年。赤坂真二『先生のためのアドラー心理学──勇気づ
けの学級づくり』ほんの森出版、2010 年。

(6)　関根眞一『なぜあの教師は保護者を怒らせるのか──プロ直伝！学校の
苦情取扱説明書』教育開発研究所、2015 年。

(7)　榎本博明『自己肯定感という呪縛』青春出版社、2021 年。辻秀一『自
己肯定感ハラスメント』フォレスト出版、2022 年。

(8)　宮田敬一編『学校におけるブリーフセラピー』金剛出版、1998 年。

(9)　森俊夫『先生のためのやさしいブリーフセラピー──読めば面接が楽し
くなる』ほんの森出版、2000 年。

(10)　森俊夫『ブリーフセラピーの極意』ほんの森出版、2015 年。

(11)　黒沢幸子編著『ワークシートでブリーフセラピー──学校ですぐ使え
る解決志向＆外在化の発想と技』ほんの森出版、2012 年。

(12)　千々布敏弥『スクールリーダーのためのコーチング入門──みんなの
やる気を引き出す秘策』明治図書出版、2007 年。

(13)　独立行政法人教員研修センター「学校におけるコーチング」2006 年。

保護者とともに「脱いじめ」へ

1. いじめ問題クロニクル

(1) いじめ問題の「4時期」

いじめ問題に係る文部（科学省）の調査が始まったのは、昭和60（1985）年度からです。いじめの認知件数（平成17〈2005〉年度までは「発生件数」）の推移（**図1**）では、積極的にいじめを認知するようになったここ十数年の急増ぶりが目立っているために分かりにくいのですが、1985年、1995年、2006年、2012年をピークとする「波」が見られます。それぞれ、いじめと自殺との因果関係が初めて認められた「小川中事件」（1985年）、連日大きく報道された「大河内君自殺事件」（1994年）、学校の隠蔽（2005年）・教師の助長（2006年）の問題、いじめ防止対策推進法成立

図1　いじめ認知（発生）件数の推移（文部科学省調査）

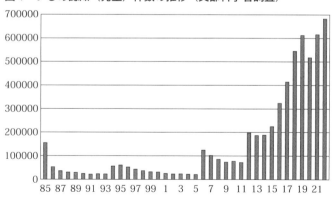

※【発生（認知）件数】1994年度から特殊教育諸学校、2006年度から国私立
　学校を含める。1994・2006年度に調査方法の改訂。2006年度以降が「認知
　件数」。

のきっかけとなった「大津事件」（2011年）が大きな影響を与えています。

　このような状況を踏まえ、「大津事件」までのいじめ問題を新聞記事等からまとめたところ、大きく4つの時期に分けられることが明らかになりました[1]。

　新聞記事等の分析からは、戦後すぐに「いじめ仕返し事件」が多発した時期があり、これを第Ⅰ期「仕返し事件多発期」としました。1985年の「波」は、図2と見比べるとその特徴が理解できます。補導・検挙の対象となるような残酷無比ないじめは、校内暴力期に多発していたのです。この時期を第Ⅱ期「校内暴力混在期」と名付けました。なお、「教師への不満や学校の管理主義への反発が校内暴力を生み、『力で制圧』した結果いじめが多発し、それを抑える過程で不登校が急増した」との論調によく出会いますが、統計的にも、経験的にも、その論旨を裏付けるものとはなっていません。

図2　いじめに関する事件での検挙・補導人員（「犯罪白書」）

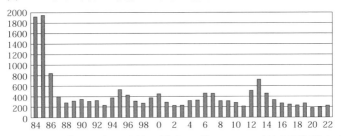

　第Ⅲ期は、悲惨な自死事件の続発で「いじめ」が社会問題化したとの意味合いで一括りにしましたが、「いじめ」の悲惨さそのものを重大視した1995年の「波」と、学校・教育委員会の隠蔽体質や指導のあり方が厳しく問われた2006年の「波」とを、前期・後期に分けることもあります[2]。

　第Ⅳ期は、「大津事件」以降の「認知件数」急増時期と重なっていますが、法・基本方針・ガイドライン等の整備により、いじめ問題を法的観点から見直すとともに、行政・学校・保護者等の間に、

法的思考・判断が重視されるようになったことから、「法化社会化期」とすることが相応しいと思われます。

(2)　第Ⅰ期：「仕返し事件多発期」(～1970年代後半)

　いじめの仕返し殺人事件は戦後間もない頃から発生しています。最初に大きく報道されたのは、中2の2名がいじめる同級生を教室で刺殺した事件(昭和33〈1958〉年)でした。その後も、18歳少年が中学時代の同窓会を襲撃し2名を殺傷(昭和41〈1966〉年)、高1男子がいじめる相手の首を切り取った事件(昭和44〈1969〉年)等が相次いで発生しました。

　仕返し事件は、その後も断続的に発生しています。高2の2人がいじめる同級生を金槌で殴打し、仮死状態で川に投棄した事件(昭和59〈1984〉年)、27歳の男性が中学校の同窓会に砒素入りビールと爆弾を持ち込み復讐しようとした事件(平成3〈1991〉年)等では、多くの人が驚愕し、不安を募らせました。

(3)　第Ⅱ期：「校内暴力混在期」(1970年代後半～1980年代半ば)

　この時期は対教師暴力ばかりが注目されましたが、多くの教職員が心を痛めていたのは、一部生徒による級友への非道な行為(傷害、恐喝、非違行為の強要等)でした。このため自死に追い込まれた生徒が目立つようになりました。校内暴力と混在した凶悪いじめの多発。これを「第Ⅱ期」とします。

　昭和53(1978)年、中3男子2名が就寝中の「仲間」(いじめる側)4名を襲い3人を殺傷した「野洲中事件」が発生しました。形態としては「いじめ仕返し事件」の範疇に入りますが、非行集団による、無理矢理仲間に引き入れた者に対する暴行・恐喝・強要等の明白な犯罪行為。これが「校内暴力期のいじめ」の大きな特徴となっています。

　昭和54(1979)年には埼玉県の中1生徒の、翌年(1980年)には大阪府の中1生徒の自死事件が起こりました。両事案ともルポタージュ[3]が出されていますが、後者を扱った書籍には「校内暴力が息子を殺した」という副題がつけられています。

昭和60（1985）年に開催された文部省の座談会 (4) では、「いじめ問題に最初に取り組んだのは昭和52（1977）年」と発言しましたが、まさに校内暴力といじめ問題は同時に進行していたのです。非行グループによる同級生への暴行・恐喝とともに、グループに無理矢理引き入れ、「パシリ」「餌食」として、タイマンと呼ばれるケンカや恐喝・暴行の強要等が頻発していました（「強制加入型」「飼育型」「拘束型」「包摂型」等と呼ばれます）。

（4）　第III期：「社会問題化期」（1980年代半ば〜1990年代）

　少年事件の記事で、校内暴力に代わってトップに躍り出た活字が「いじめ」でした。男子中学生が自死した、昭和60（1985）年の小川中事件、翌年の「葬式ごっこ」（中野富士見中）事件は、校内暴力期のいじめの様相を色濃く残していましたが、「いじめ」という用語への社会の関心が高まったという意味で、「第III期・社会問題化期」として区別することができます。

　小川中事件では、いじめと自殺の因果関係が認定され、学校の過失を認めた初めての判決が下されました。「葬式ごっこ」事件では、教師も加わって「葬式ごっこ」が行われていたことが明らかになり、大きな社会問題となりました。

　頻発するいじめ問題に対し、昭和60（1985）年、文部省は「児童生徒のいじめの問題に関する指導の充実について」と題する通知を発出しましたが、別添資料「児童生徒の問題行動に関する検討会議緊急提言—いじめの問題の解決のためのアピール—」では、それまでの「いじめ観」の大転換とも受けとめられる文章が盛り込まれました。「いじめ問題に関する5つの基本認識」の冒頭に掲載された次の記述です。

　「児童生徒は、友人関係や集団生活の中で成長発達するものであり、友人間の問題の克服も、本来『子どもの世界』に託すべき部分が多い。しかしながら、今日の児童生徒間におけるいじめが極めて深刻な状況にあることにかんがみ、『子どもの世界』にあえて手をさしのべ、現実の問題への的確な対処と、未然防止への努力を開始

する必要が在ると考える」（下線は筆者による）。

　深刻ないじめ問題の続発に、「『子どもの世界』にあえて手をさしのべる」との基本認識を示したのです。集団生活を送るなかでは多少のトラブルは当然生じるものであり、子供同士でそれを克服することが「成長の糧」にもなるという認識を改め、大人の介入の必要性に言及したのです。

　平成5（1993）年、山形県で体操用マットの空洞部分に逆さまに入った状態で中1男子が遺体で発見されました。翌年には、愛知県で「大河内清輝君自死事件」が起こりました。両事件は広くいじめの悲惨さを伝え、多くの人々が悲憤に声を震わせ、文部省は「いじめを人間として絶対許さない」とする「緊急アピール」の発表等、矢継ぎ早に緊急対策を実施しました。

　「社会問題化期」の後半では、いじめ問題に取り組む教育委員会や学校の姿勢に厳しい目が向けられるようになりました。いじめ事実の隠蔽や教師によるいじめの関与・放置・助長に批判の声が高まり、教育委員会が教員の処分量定を定める等の動きも見られました。このような流れは、次の「法化社会化期」に繋がり、平成17（2005）年に起こった滝川市の小6女児自死事件では、遺書の未公表や事件後1年以上経ってからのいじめの認定に、「隠蔽体質」が厳しく問われ、翌年の筑前町中2男子自死事件では、「教師の助長」が大きな問題となりました。

(5)　第Ⅳ期：「法化社会化期」（2000年代半ば〜）

　平成23（2011）年の大津市中2男子自死事件では、マスメディアが学校や教育委員会の対応を連日大きく報道し、いじめ防止対策推進法の成立や教育委員会制度の改革等、大きな変革を促すことになりました。このような動きは、「法化社会」の到来を印象づけ、第Ⅳ期を特徴づけています。

　なお、いじめ防止対策推進法では、いじめが原因で、「生命、心身又は財産に重大な被害が生じた疑い」または、「相当の期間学校を欠席することを余儀なくされている疑い」があると認められる場

合を「重大事態として対処する」よう定めています。

　重大事態の認知件数は増加傾向にあり、これまで以上の対策を講じる必要があります（**図3**）。一方、「いじめが主因と考えられる自死」（**図4**）は、ウェルテル効果（報道に影響され自殺者が増える現象）の影響もあり、急増する年度もありますが、一定の傾向は認められず、ここ数年の減少傾向が指摘されるにとどまります。

図3　いじめの重大事態認知件数

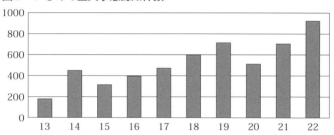

図4　いじめが主因と見られた小中高生の自死数

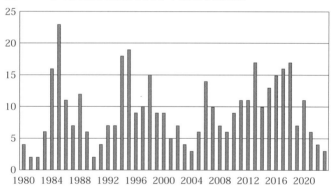

※【いじめ主因の自死数】新聞報道のあったものの集計で、後に「いじめが主因でない」とされた事案を含む。

(6)　いじめ問題の現代的課題

　いじめに軽重はありません。いじめを受ける者にとってその残酷さ・非道さは筆舌しがたいものです。すべての人が「脱いじめ」に

向けたたゆまぬ努力を続けなければなりません。針路ははっきりしています。しかし昨今、針路を妨げる現象が各地で報告されています。

「大人の問題」です。いじめ問題の解決を子供の手から奪い、子供を置き去りにした「大人の最悪の利害の相克」が多発しています。「子供の最善の利益の保障」という原点に立ち返り、「脱いじめ」を成し遂げる。これが、いじめ問題の現代的課題です。

各種の調査結果からも、教師がいじめ問題で最も困難を感じていることは「保護者対応」であることが明らかになっています。いじめ問題の法的理解、初期対応や組織対応のあり方等で、学校のいじめの未然防止・早期発見・適正対処の問題点が多々指摘されていることも事実ですが、学校・教師が疲弊しているのは、子供同士では解決した事案において、保護者同士あるいは保護者と学校・教育委員会の間で長い相克が続くことです。

「いじめ問題解決の３つのポイントは、『被害者保護最優先』『組織的対応』『保護者との協働』です」[5]。とくに、保護者と協働して「脱いじめ」を成し遂げることが重要です。

〈注〉

(1)　嶋﨑政男「いじめ問題とゼロトレランス」今井五郎・嶋﨑政男・渡部邦雄編『いじめの解明——学校教育相談の理論・実践事例集』第一法規、2007年。

(2)　嶋﨑政男『「脱いじめ」への処方箋』ぎょうせい、2013年。

(3)　金賛汀『ぼく、もう我慢できないよ——ある「いじめられっ子」の自殺』一光社、1980年。保阪正康『隆彦なんで死んだんや——校内暴力が息子を殺した』朝日ソノラマ、1981年。

(4)　『中等教育資料』1985年10月号、大日本図書。

(5)　嶋﨑政男『学校管理職・教育委員会のためのいじめを重大化させないQ&A100』エイデル研究所、2022年。

2. 「いじめ問題」の危機管理

(1) 3つの「危機管理」サイクル

　危機管理には、自ら危機を回避する能力（リテラシー）を身に付ける開発的機能と、危機を予知・予測してその回避を図る予防的機能からなる「リスクマネジメント」（未然防止）、危機に対処する問題解決機能と他機関等の支援を受けて行う連携協働機能を持つ「クライシスマネジメント」（危機対応）、「他校（過去）で発生したことは自校（現在）でも起こりうる」との認識を基に、同様な事件・事故の発生を防ぐ「ナレッジマネジメント」（再発防止）の3段階があり、再発防止は未然防止に繋がるので、3つの段階を個別に捉えるより、循環型危機管理として一体的に構築する必要があります。

　なお、「リスク」「クライシス」は広く使われますが、「ナレッジ」は聞き慣れない言葉と思われます。本来の意味は「個人や特定のグループが得た知識・考え方・手法・留意点等を組織全体で共有して集団としての力量を高める」ことですが、危機管理では「共有したことを同様事案の再発防止に役立てる」ことまで含んだ概念として使われます。

　いじめ問題では、児童生徒に「いじめに向かわない」態度を身に付け、小さな徴候に気づき防止策を講じる「リスクマネジメント」、被害者支援・加害者指導等に当たるとともに、保護者等との連携を図りながら問題に対処する「クライシスマネジメント」、同様の問題を防ぐために対応組織・方法等の改善を図る「ナレッジマネジメント」を組織的に推進することが重要です。

　「尊い命を犠牲にした出来事から『何を学び』いかに同様な事件・事故の防止に努めるかは、ナレッジマネジメントの核心であるが、これまで、この段階の危機管理が十分ではなかったとの厳しい指摘」[1] があります。「貴重な教訓がいともたやすく忘れ去られた現実に、私たち教育関係者は深く反省しなければなりません」[2]。

(2) 「いじめ問題」のリスクマネジメント

①開発的機能

いじめ防止対策推進法（以下「法」という。）により、学校および学校の教職員に対する、いじめの防止・早期発見・対処の責務が法律上明確にされました。これを怠ることは法律違反です。法の理解を深め、「脱いじめ」に向けた取り組みを真摯に進めることが重要です。児童生徒に「いじめに向かわない態度」を身に付けさせるために、全教育活動を通して、発達支持的・課題予防的取り組みを計画的に遂行する必要があります。

法第9条には、「保護者は、子の教育について第一義的責任を有するものであって、その保護する児童等がいじめを行うことのないよう、当該児童等に対し、規範意識を養うための指導その他の必要な指導を行うよう努めるものとする」とあります。

学校は、この目的が達せられるよう、保護者と連携協働して取り組まなければなりません。「スマホ家族ルール」の作成、道徳地区公開講座での「親子会議」の実施、PTAとの共催による「いじめ防止標語コンクール」の実施等、各地で有意義な取り組みが進められています。他校の事例も参考にし、学校と保護者がしっかりとスクラムを組んだ実践が期待されます。

②予防的機能

学校は、基本方針の策定（法第13条）や組織の設置（法第22条）等により、いじめの防止（法第15条）を図らなければなりません。国の基本方針[3]では、基本方針を「入学時・各年度の開始時に児童生徒と、保護者、関係機関等に説明する」よう求めています。年度始めの保護者会では、「いじめは絶対許さない」という決意とともに、保護者と協働の重要性を訴え、協力を求めることが大切です。

「生徒指導提要」は、課題未然防止教育と課題早期発見対応を課題予防的生徒指導としています。「早期発見」は問題を生じさせない、あるいは起きても最小限に抑えるために重要です。小さな徴候

を見逃さず、問題の早期発見に努めるためには、保護者との連携協働が有効です。

　「いじめは、『発見・訴え・情報』という３つの『窓』から差し込む光を感じることによって把握される」と譬えることができます。早期発見のためには、「３つの窓」が開け放されている必要があります。**表１**は、文部科学省の「児童生徒の問題行動・不登校等生徒指導上の諸課題に関する調査」の「いじめ発見のきっかけ」を担任の視点からまとめたものです。

表１　いじめ発見のきっかけ

		小学校	中学校	高等学校	特別支援	総計
訴え	本人の訴え	17.3	27.2	30.9	20.0	19.2
	アンケート	55.2	33.9	43.9	38.9	51.4
発見	担任の発見	9.7	9.4	4.7	23.7	9.6
他からの情報	他の教職員	1.4	6.7	3.2	5.0	2.4
	養護教諭	0.2	0.7	0.8	0.2	0.3
	SC	0.1	0.2	0.3	0.2	0.1
	他児童生徒	3.2	5.5	4.6	3.4	3.6
	保護者	12.6	15.9	11.0	7.7	13.1
	地域住民	0.1	0.1	0.0	0.0	0.1
	関係機関等	0.1	0.2	0.2	0.8	0.1
	その他	0.1	0.1	0.2	0.2	0.1

※担任による「発見・訴え・情報」の視点から集計。
※文部科学省調査（令和４年度）より作成。
※数字は構成比（％）。
※アンケートは「訴え」に分類。

　このため、「発見」は担任が気づいたもののみの集計で、他の教師等が把握したものはその事実を担任に情報提供したものと捉え「情報」に分類してあります。

ア．「発見」の窓

　「小さなサインに大きな問題」と言われます。児童生徒一人ひとりに関心をもち、「小さなサイン」を鋭く捉える感性を磨くことが大切です。そのためには、アセスメント（見立てる）力の向上が欠かせません。

イ.「訴え」の窓

　本人の「訴え」を容易にするには、児童生徒の援助希求力を高めることも大切ですが、「あの先生になら何でも話せる」という信頼関係の確立や、向き合う時間の確保等に留意する必要があります。

　なお、アンケートによるいじめの把握は、児童生徒自身がアンケートに意思表示を行っていることから「訴え」に分類しています。

ウ.「情報」の窓

　教職員、児童生徒、保護者、地域住民、関係機関職員等との日頃の連携・協働は、「情報」を得るために効果的です。校内での人間関係の深化とともに、「開かれた学校」をめざした「行動連携」を進めるなかで、より緊密な「情報連携」を強めることが求められます。

　表1「いじめ発見のきっかけ」では、保護者からの情報提供は、最も多い中学校でも16％です。アンケートによる「発見」が増加していることが大きな要因と思われますが、かつては20％を超えていましたから、その減少は明白です（図5）。

図5　いじめ発見のきっかけ「保護者からの情報」

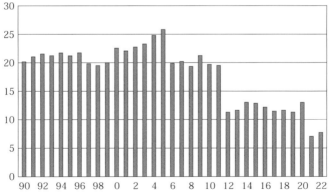

　児童生徒が保護者にいじめの被害を訴えることが少なくなった、あるいは、保護者が子供の変化に気づく機会が減ったのであれば、

チェックリストの配布などによる「早期発見」の啓発が必要になります。また、学校の相談体制が整っていない場合には、相談体制の整備とともに、連絡帳やメールの活用等、保護者が相談しやすい方法を工夫することが求められます。

なお、保護者からの情報提供があった場合には、「不安や怒りや苦悩についての心情理解を図るのは、学校や教師の努め」⁽⁴⁾との原則に則り、訴えをしっかり傾聴し、わが子の不憫さを想う親心に共感することが大切です。

その際、「いじめはない」と断定的な言い方をしたり、「3大禁句」と言われる「気にしすぎ」「いじめられる側にも悪い所がある」「本人がもっと強くならないといけない」を口にしたりすることは厳禁です。

(3) 「いじめ問題」のクライシスマネジメント

いじめ問題への対応で、保護者から寄せられる苦情・要求の多くは、初期対応・組織対応に関する学校のミスが占めます。小さなミスが大きな問題を引き起こすことはしばしば見られます。クライシスマネジメントの要諦は、最悪状態を想定した真摯な組織対応にあります。

①初期対応

ア．いじめの認知

法（第2条）では、「いじめ」を次のように定義しています。

「児童等に対して、当該児童等が在籍する学校に在籍している等当該児童等と一定の人的関係にある他の児童等が行う心理的又は物理的な影響を与える行為（インターネットを通じて行われるものを含む。）であって、当該行為の対象となった児童等が心身の苦痛を感じているもの」。

この定義に対し、社会通念と乖離している、広く捉えすぎる、被害者感情に依拠しすぎている等の批判の声が上がっています。確かに、「いじめる意図のないいじめ」や「好意の行為からのいじめ」に直面したときに感じることがあります。しかし、「今の定義」を

106

超える新たな「定義」の策定はむずかしいと感じます。心理的事実（児童生徒の気持ち）を最優先することは、生徒指導の基本原則です。客観的事実（心理的又は物理的な影響を与える行為）の見極めは二の次です。まずは「心理的事実（心身の苦痛）に耳を傾け、しっかり受け止める」。この姿勢こそ「いじめ対応」の第一歩ですし、保護者との協働を進めるときのスタートラインでもあります。

イ．「被害者保護」の最優先

いじめ指導の鉄則は、「被害者を守り抜く」「いじめは断じて許さない」という確固たる姿勢で臨むことです。被害児童生徒は、酷い仕打ちに対する恐怖感・屈辱感・無力感等に苛まれているだけでなく、「さらにいじめられるのではないか」という不安感に襲われています。「必ず守る」との決意を表明し、目に見える具体的な行動を示す必要があります。

保護者には学校内での見守り体制を伝えるとともに、保護者による送迎や相互連絡の方法を確認する必要があります。

ウ．法第23条に則った対処

法第23条には、いじめの通報等、いじめの確認・報告、保護者への情報提供等の学校の義務が規定されています。これに則った組織的対応を着実に進めなければなりません。

なお、第5項「いじめを受けた児童等の保護者といじめを行った児童等の保護者との間で争いが起きることのないよう（中略）、必要な措置を講ずるものとする」との規定は、学校にとって最もむずかしい対処の一つです。設置者に助言を求めたり、関係機関の支援を受けたりするなどして、情報提供と個人情報保護の問題に慎重に対応する必要があります。

エ．事実確認のための措置

いじめへの対処には、正確な事実確認が不可欠で、徹底的な調査を行う必要があります。聴き取り調査・アンケート調査等を実施することになりますが、実施方法や心理的ケアについては、保護者と事前に打ち合わせを行い、被害児童生徒の負担とならないよう配慮

して実施するようにします。

オ．被害者の支援

　被害児童生徒に対する初期対応の要諦は、「絶対に守り抜く」という方針のもと、目に見える具体的な行動を組織的に展開することです。「心のケア」も同時進行で行う必要があります。自殺・自傷行為・仕返し行動等の二次的問題の発生を防ぐ視点からの支援も重要です。さらに、保護者との連絡を密に取り合い、当該児童生徒の支援のあり方について十分納得を得ることも大切なポイントとなります。

カ．加害者の指導

　加害児童生徒への指導の基本は、「いじめの非人間性やいじめが他人の人権を侵す行為であることに気付かせ、他人の痛みを理解できるようにすることを基本としつつ、学校生活において感じている不満や充足感を味わえない心理等を十分理解し、学校生活に目的を持たせ、人間関係や生活体験を豊かにする指導を根気強く継続して行うよう努めること」（文部省通知「いじめ問題への取組の徹底等について」平成7〈1995〉年12月）にあります。

　生徒指導の基本姿勢「心理的事実の受容・誤った客観的事実の指摘・解決策の主体的提示の支援」に則って行う必要があります。指導者数、指導時間、詰問数、追及質問数、求める反省、課す罰則が過多となる「6過多指導」では成果は生まれません。

②組織対応

　「1人で何もかもできる人はいない」。この危機管理の箴言が組織対応の必要性を端的に言い表しています。国の基本方針にある次の文章を熟読玩味して、全教職員が「チーム学校」の一員としての自覚と責任をもって、いじめ問題に取り組むことが重要です。

　「いじめへの対応は、校長を中心に全教職員が一致協力体制を確立することが重要である。一部の教職員や特定の教職員が抱え込むのではなく、学校いじめ対策組織で情報を共有し、組織的に対応することが必要であり、いじめがあった場合の組織的な対処を可能と

するよう、平素からこれらの対応の在り方について、全ての教職員で共通理解を図る」。

　法第23条には、いじめが確認された場合には「学校の複数の教職員によって」対応するよう定められています。基本方針では、いじめの情報を得た者は「他の業務に優先して、即刻」学校いじめ対策組織に報告するよう求めています。

　なお、組織対応は、教職員や学校内の多様な人材がそれぞれの専門性を生かして活動することが基本ですが、学校外のさまざまな専門機関との連携協働が大きな成果を上げることがあります。それぞれの機関の役割（機能）・特徴等を熟知し、事案に応じた支援を得ることができるよう、日ごろから連絡を取り合い、多くの機関とのネットワーク化の構築に努めることが求められます。

　また、他機関との連携協働を進めるに当たっては、エコマップの作成・見直しが重要です。エコマップとは「要介護者を中心として、その周囲にある社会資源（家族、関係機関等）との相関関係をネットワークとして表現した地図」のことですが、非行問題やいじめ問題においても有効に使われます。

　エコマップを活用することによって、「①事例解決に向けたキーパーソン（鍵を握る人物）、②支援等が必要であるにも関わらず、何もされていない人物・機関、③誤ったはたらきかけ、④活用されていないリソース（資源）等が明らかになります」[(5)]。

(4)　「いじめ問題」のナレッジマネジメント

　非常に残念なことですが、重大事態に至るいじめ事案のなかに、法的理解が不足していたり、組織的対応が円滑に行われなくなったりするなどが原因で、適時適切な対処がされなかった例が目立ちます。このような事例はマスコミ報道や調査報告書の公表から知ることができます。同様の問題を防止するチャンスです。

　「保護者の了解を得ないで『謝罪の会』を実施した担任が非難されています」「いじめの定義を保護者会で誤って伝えた校長が戒告処分を受けました」等、朝の職員朝会での１〜２分の発言が、教

職員の共通理解を深め、教職員研修の1時間にも匹敵する成果を上げることができます。

「他校（過去）の失敗例・成功例から、『ここで失敗したのか』『この点をもっと○○すればよかったのに』『こんな手もあったんだ』などと、グループ討議を重ねるなかで、一人ひとりの力量の向上だけでなく、組織全体のレベルアップにつながることが期待され」[6]るのです。

本章第4節には、これまで収集した「失敗事例」をまとめてあります。校内研修での活用にとどまらず、雑談のなかでも話題にしていただき、「えっ！そんなことでも問題になるんだ」などと「気づき」を深めていただけたら幸甚です。

〈注〉
（1）嶋﨑政男「いじめ問題の現状」『法律のひろば』2013年2月号、ぎょうせい。
（2）嶋﨑政男「危機管理マネジメントから問ういじめ問題」『教育展望』2013年3月号、教育調査研究所。
（3）「いじめ防止等のための基本的な方針」文部科学大臣決定、2013年。
（4）脇坂昌宏「いじめを受けた子の保護者の心と支援」今井五郎・嶋﨑政男・渡部邦雄編『いじめの解明──学校教育相談の理論・実践事例集』第一法規、1997年。
（5）嶋﨑政男編著『こんなときどうする？生徒指導──少年非行・性非行』学事出版、2024年。
（6）嶋﨑政男・中村豊『事例とチェックリストでつかむ学校のいじめ対応の重要ポイント』第一法規、2024年。

3.「いじめの重大事態」への取り組み

(1) 重大事態の定義・認知件数

いじめ防止対策推進法（以下「法」という。）第28条第1項に、「(1)いじめにより当該学校に在籍する児童等の生命、心身又は財産に重大な被害が生じた疑いがあると認めるとき、（2）いじめに

より当該学校に在籍する児童等が相当の期間欠席を余儀なくされている疑いがあると認めるとき」これを「重大事態」とすると定められています。

　ガイドライン「別紙」には、「自殺の企図」「自傷行為」「暴行を受け傷害」「わいせつ画像等の拡散」「多額の恐喝被害」「いじめによる転学」等が例示されています。しかし、実態としては、いじめに軽重はありませんが、「遊びに誘ってもらえなかった」「睨まれているように感じた」等、社会通念上の「重大」とは乖離している事案が多くを占めています。

　これは、ガイドラインに「被害児童生徒や保護者から、『いじめにより重大な被害が生じた』という申立てがあったときは、その時点で学校が『いじめの結果ではない』あるいは『重大事態とはいえない』と考えたとしても、重大事態が発生したものとして報告・調査等に当たること」と明記されているためと考えられます。

　重大事態の設定は、自死事案の阻止、いじめ問題への世論の喚起、学校・教育委員会等のいじめ防止対策の強化等にプラスの効果をもたらしていますが、「いじめ」に特化、あるいは強調することで他の問題の隠蔽に使われる等のマイナス面も散見されます。

　「保護者が子どもへの虐待を隠ぺいする目的で、長期欠席の原因をいじめであると学校に申し立て、学校が（虚偽の）『重大事態』として対応しなければならないケースがすでに現実化している」[1]との指摘があります。ガイドラインでは「重大事態の調査は、民事・刑事上の責任追及やその他の争訟等への対応を直接の目的とするものではなく」とはっきり謳われているにもかかわらず、保護者間で「損害賠償金」に相当するような金銭のやりとりがされていることを仄聞することもあります。

　なお、いじめの重大事態認知件数は、調査開始（2013年度）以来増加傾向にあります（図6）。

　「生命・心身・財産重大事態」（1号）と「不登校重大事態」（2号）の比率は、調査開始以来「3：7」の割合が多かったのですが、

図6　いじめの重大事態認知件数の推移

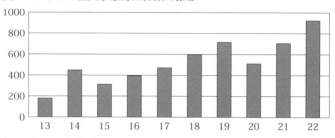

令和4（2022）年度は、1号（33.2%）、2号（51.5%）、1号・2号（15.4%）となっています。

(2)　重大事態の調査

①調査の主体

　公立学校が重大事態を認知した場合、教育委員会を通じて、重大事態が発生（認知）した旨を地方公共団体の長に報告します。調査の主体（以下「調査主体」という。）を学校とするか、学校の設置者（教育委員会等）とするかの決定は設置者が行います。

　「不登校重大事態に係る調査の指針」には、調査が「いじめの解消と対象児童生徒の学校復帰の支援につなげる」ことを目的とすることから、「学校が調査に当たることを原則とする」と明記されていることもあり、多くは「学校主体」による調査が行われています。

　学校主体の場合は、既存の学校のいじめの防止等の対策のための組織に第三者を加える場合と、学校が第三者委員会を立ち上げる場合がありますが、公立学校が司法、医療、心理、福祉、教育等の専門家で構成される第三者委員会を立ち上げることは、委員の確保、予算措置、事務局体制の整備等の問題から事実上不可能です。

　このため、常設のいじめ対策組織に第三者を加えて行うケースが大半を占めることになります。法第28条第3項において、設置者に学校への指導・支援を義務付けていますが、調査では法的な思考・判断や医療・心理等の専門的知識が求められ、捜査権のないなかでの聴取協力や資料提出の要請に応じてもらえない等の困難を抱

112

えることになります。

　さらに問題となるのは、調査が「民事・刑事上の責任追及やその他の争訟等への対応を直接の目的とするものではな」いとされているにもかかわらず、責任の所在やその保障を念頭においた保護者間の「相克」に学校・教職員が巻き込まれることです。

　法第23条第5項には、「いじめを受けた児童等の保護者といじめを行った児童等の保護者との間で争いが起きることのないよう（中略）必要な措置を講ずるものとする」とあります。いじめ問題への対処で最も困難な対応が学校の役割として義務化されているのです。調査主体としての役割の間でアンビバレンツが生じるおそれがあります。

　学校主体の調査は少しずつ減少しているものの、今なお約8割を占めています（図7）。保護者と手を携えて子供の成長を見守るという学校の役割を考えると、「学校主体」による重大事態の調査は極力なくす方向を検討すべきでしょう。

図7　学校主体調査の割合

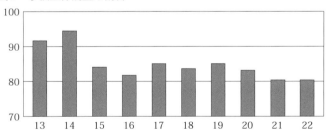

②調査の流れ（図8）

　調査主体は被害児童生徒・保護者および加害児童生徒・保護者に対して、調査の目的、組織、内容等についての説明を行うことを皮切りに、アンケート調査、聴き取り調査、各種資料の検討・検証、調査報告書の作成等に忙殺されます。その間、関係児童生徒の保護者から、さまざまな要望が寄せられることがあります。その対応をめぐっては、保護者との関係が悪化することがあります。

図8　重大事態の調査の流れ（公立学校）

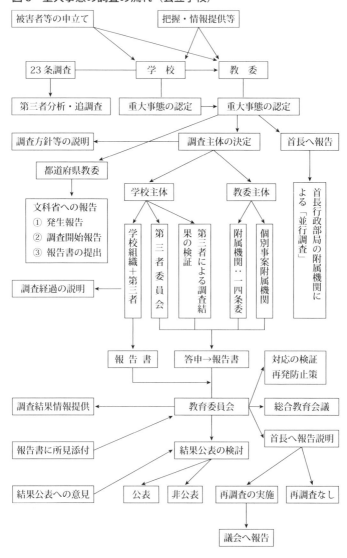

被害者等の申立て　　　把握・情報提供等

23条調査　　　学　校　→　教　委

第三者分析・追調査　　重大事態の認定　　重大事態の認定

調査方針等の説明　←　調査主体の決定　　首長へ報告

都道府県教委

文科省への報告
① 発生報告
② 調査開始報告
③ 報告書の提出

調査経過の説明

学校主体　　　教委主体

学校組織＋第三者　第三者委員会　第三者による調査結果の検証　附属機関：一四条委　個別事案附属機関

首長行政部局の附属機関による「並行調査」

報告書　　答申→報告書　　対応の検証 再発防止策

調査結果情報提供　←　教育委員会　→　総合教育会議

報告書に所見添付　　結果公表の検討　　首長へ報告説明

結果公表への意見　　公表　非公表　再調査の実施　再調査なし

議会へ報告

114

　調査結果は調査報告書としてまとめられます。設置者および学校は、これを受け調査結果・その後の対応方針について、地方公共団体の長等に対して報告・説明します（このとき、被害児童生徒・保護者は調査結果に係る所見を当該報告に添えることができます）。地方公共団体の長等は、十分な調査が尽くされていない等の判断をした場合、再調査を行い、その結果を議会に報告することが定められています。

　さらに、ガイドラインには、設置者・学校が調査結果を踏まえて対応すべきこととして、①調査結果の公表についての検討・判断・実施、②加害児童生徒等への調査結果の情報提供、③被害児童生徒への支援、④加害児童生徒に対する指導、⑤再発防止策の検討・実施、⑥教職員の懲戒処分の要否の検討等が示されています。

(3)　調査委員会・事務局と保護者

　重大事態の調査は、当該いじめの事案の関係者と直接の人間関係または特別の利害関係を有しない、第三者性が担保される委員によって組織される調査委員会によって行われることが理想ですが、委員選定や予算確保等がむずかしく、前述したように「学校主体」による調査が大半を占めています。

　調査を円滑に進めるには、事務局の力が必要となります。公立学校においては、教育委員会が調査主体になる場合には、通常、指導課指導主事または教育委員会事務局内の各課から選任された職員が当たっていますが、学校主体の場合は教頭（副校長）がその役割を担うことが多くその事務量は膨大なものとなります。

　事務局は、調査委員会の要請に応じて保護者等からの聴き取り調査の日程調整や資料の収受等に当たるため、保護者と接することが多く、調査委員会・保護者の双方からのさまざまな苦情・要求に対応しなければならないことが多くなります。

　保護者が調査の進行や結論に関して敏感になるのは当然のことですが、稀有な事例とはいえ、調査委員や事務局員に直接説明を求めたり、日に数十回に及ぶ架電等を行ったりすることがあり、調査期

間、さらには調査報告後に至るまで、調査委員・事務局員が緊張を強いられることもあります。

（4）　保護者に「寄り添う」

　ガイドラインでは、「被害児童生徒・保護者に寄り添いながら調査を進めること」等、4箇所で「寄り添い」という用語が使われています。「寄り添う」とは、物理的にはぴったり付くことを意味しますが、対人関係で使われる場合は、「相手の気持ちに共感し、親身になって手助けする」という心情を表しています。

　「寄り添い」は、ガイドライン全体に流れる基本姿勢を象徴するもので、いじめの被害に苦しむ児童生徒や、その様子を直視している保護者の気持ちを想うと当然のことです。調査関係者には、この趣旨を胸に刻んだこまやかな対応が求められます。

　しかし一方で、この言葉が調査委員や事務局員を悩ませることも度々起こっています。

　一つは、生徒指導提要でも指摘されている、困難事例に見られる「被害と加害が錯綜している」場合です。被害を訴えた側には、申立てが即「重大事態」として扱われる、調査組織変更の要望が出せる、調査実施中の経過報告を受けることができる、地方公共団体の長等に調査結果が報告される際に所見を添えることができる等、さまざまな配慮がされています。

　ところが、調査は双方に寄り添う姿勢を保つことを原則としながらも、法には「被害・加害」という二項対立的な捉え方が根底にあるため、加害とされた側は終始「加害者としての立場」から逃れることができません。調査中に、加害者と名指しされた側が「被害」の訴えをすることもあり、調査委員は「寄り添い」の姿勢のあり方に悩むことになります。

　二つ目は、「寄り添い」の受け止め方です。被害・加害双方の保護者のなかには、調査が思いどおり進んでいないと判断すると、調査に非協力になったり、対立する保護者に攻撃的になったりする人がいます。「寄り添い＝自らの主張はすべて受け入れられる」との

思い込みが感じられます。「『寄り添う』ことと『言いなり』になることは違う」ということを理解してもらうには多大な労力を要します。

　ガイドラインに、不適切な対応により被害児童生徒を傷つけたらすみやかに謝罪する旨の記述がありますが、これを根拠に数時間校長を監禁し謝罪文を書かせるなどの例は少なくありません。「被害者アイデンティティの権力化とその疾病利得化」[2]を懸念する声もあります。

　「法が制定された背景事情を最大限考慮したとしても、被害を訴える者の利益保護に偏りすぎていると評価せざるを得ず」[3]との見解はけっして少数意見ではありません。連携協働をより効果的なものにしていく「これから」の保護者との関係を築くためには、法のあり方の再検討が必要になっているのではないでしょうか。

〈注〉
（1）　神内聡『学校弁護士――スクールロイヤーが見た教育現場』
　　　KADOKAWA、2020年。
（2）　中島聡『「心の傷」は言ったもん勝ち』新潮社、2008年。
（3）　星野豊「いじめ防止対策推進法改正と学校の責任」『月刊高校教育』
　　　2019年8月号、学事出版。

4.　保護者と守る「子供の最善の利益の保障」

（1）　ナレッジマネジメントに基づく留意点――100の点検

　学校側の不適切な対応によって、保護者との信頼関係が失墜してしまい、その後の保護者との協働に支障をきたしてしまう例が多々あります。一方で、学校や教育委員会の誠意ある真摯な対応を理解してもらえず、保護者との間で不適切なやり取りが見られるケースも散見されます。

　このような事態は、児童生徒の心を動揺させ、健やかな成長を阻害する要因にさえなってしまいます。これを防ぐためには、これま

での経験から見出した問題点を明らかにし、同様の出来事が起こらないよう、すべての関係者がナレッジマネジメントの視点を持つ必要があります。

　以下、10の視点から、「これまで」学校や教育委員会が指摘された過去の問題点を100項目あげました。「これから」の課題を明らかにし、同様の問題が起こらないよう留意することが大切です。このことが、保護者とともに「子供の最善の利益の保障」を守る大きな一歩になると思います。

【いじめ防止の学校体制】

1　いじめ防止等の組織は、生徒指導部会が兼任している。
2　いじめ対策委員会は問題が生じたときだけ開催している。
3　いじめ対策委員会の記録は残さないようにしている。
4　いじめ対策委員会の審議内容は全校で共有することはない。
5　いじめ防止等に関する教職員研修は開催できていない。
6　基本方針は教育委員会から提示された「ひな型」どおりに作成している。
7　基本方針を年度始めの保護者会で説明することはない。
8　年度末に基本方針の見直しをすることはない。
9　いじめ防止のための授業等は担任に任せている。
10　いじめに係る法律等についての教職員の理解が十分ではない。

ミニ解説　いじめの未然防止・早期発見・適正対処、基本方針の策定、防止等の対策のための組織の設置等は、学校・教職員に課せられた法律上の義務です。これを怠ることは法律違反であるとの自覚が求められます。

　基本方針の保護者への不徹底や防止のための対策の未実施は保護者の信頼を失います。いじめ対策委員会を定期的に実施していなかったり、記録を残していなかったりすることは、「いじめ防止」に対する学校の姿勢が厳しく問われます。

【いじめの認知をめぐる問題】

11　いじめの定義を正しく理解できていない教職員がいる。

12　「軽微である」等と、保護者の訴えに耳を貸さないことがある。

13　認知を学校組織として行わず、担任一人で判断することがある。

14　被害者本人が否定する場合は、いじめとして認知はしない。

15　加害者が他校生だった場合は、すべていじめの認知はしない。

16　管理外の出来事は、いじめの認知はしない。

17　「好意からの行為」は、いじめと認知しない。

18　仲良しグループ内の出来事はいじめと判断しない。

19　過敏等の特性がある場合には、いじめとしての認知はしない。

20　「お互いさま」と思われる言動は「けんか」ととらえている。

ミニ解説　法ではいじめの範囲を被害児童生徒の主観的な判断に依拠しています。「行為」の詮索より「心理的事実」の受容を優先させることが原則です。

　保護者からの訴えに「いじめではない」と即答するようなことはけっしてあってはなりません。「いじめを受けた児童生徒やその保護者のいじめの事実を明らかにしたい、何があったのかを知りたいという切実な思いを理解し、対応に当たること」（ガイドライン「基本姿勢」）が重要です。

【保護者からの訴えに対する対応】

21　「ふざけていただけ」等のいじめの認識に欠けた発言をした。

22　「本人は何も言ってません」等の感性の低さを示す発言をした。

23　「けんかは両成敗ですから」「我慢することも大事です」等のいじめの本質を理解しない発言をした。

24　「いい経験になる」等の被害者の心情に共感できない発言をした。

25　「いじめ防止に努めている」等の自己防衛的な発言に終始した。

26　「人権を尊重するクラスを創る」等の具体性のない発言をした。

27 働き方改革を推進する観点から、「連絡帳」を廃止した。

28 SCの業務は多岐に及ぶので、保護者からの相談を停止した。

29 保護者からの通報が校内委員会に伝達されないことが多かった。

30 通報した保護者の氏名は、関係する保護者には公表した。

[ミニ解説] 保護者からの「申立て」を「クレーム」と受け止めてしまっては、問題解決への道が閉ざされてしまうばかりか、人間関係の崩壊を招いてしまいます。誠意ある傾聴と真摯な対処が求められます。

「いじめ利得」（いじめの訴えで何らかの利益を得ようとする）や、「いじハラ」（いじめが原因であるとして過剰な攻撃等を繰り返す）には厳正に対処する必要がありますが、「わが子を想う親心」への共感が先です。

【いじめを察知したときの初期対応】

31 「いじめは絶対許さない」という学校としての決意が示せない。

32 初回面接の際、校長（不在の場合は代理人）が顔を出さない。

33 疑いの段階では「いじめ」としての対応はしない。

34 いじめの事実がはっきりするまでは、保護者には連絡しない。

35 アンケートに記載があっても、保護者には連絡しない。

36 加害者から謝罪があった場合は、いじめとしての対処はしない。

37 保護者の了解を得ずに「謝罪の会」等の対応を進める。

38 本人から「親に知らせないで」と言われたら、連絡はしない。

39 対処法について、被害者の保護者から了解を得ることはしない。

40 被害者保護のための具体的な策（教員の監視等）を提示しない。

[ミニ解説] 保護者との信頼関係の揺らぎは「初期対応」の際に多々発生します。「ボタンの掛け違い」と表現されることが多いのですが、その根底には「教師主導の教育的対応」があるようです。「教

育のことは任せてほしい（保護者は口をはさまないで）」との姿勢
です。

　保護者への「ホウレンソウ」（報告・連絡・相談）での問題事例
は枚挙に暇がありません。いじめの徴候を掴んでいながら報告しな
い、聴き取り調査の実施を連絡しない、これからの対応・指導につ
いて相談しない。この結果、報告義務・確認義務・連携義務の違反
を問われることがあります。このような事案について、ナレッジマ
ネジメントを徹底することが重要です。

【アンケート・聴き取り調査】

41　対象児童生徒の保護者から了承を得ずに調査を実施している。

42　関係児童生徒が多数の場合は、複数人を一緒に聴き取りを行う。

43　被害者・加害者を同席させて聴き取りを行っている。

44　アンケート・聴き取り調査のまとめは校長までの決裁はしな
　　い。

45　不登校児童生徒への調査は実施していない。

46　被害者の保護者へは調査結果の原本を提供している。

47　簡単なアンケートや聞き取りメモはすぐに廃棄している。

48　調査の場所や実施人数・性別等は考慮しないで聴取を行う。

49　アンケート結果の集計は支援員に任せている。

50　保管場所がないので調査結果の原本は早期に廃棄している。

ミニ解説　　長時間に及ぶ聴取を受けた中学生が解離性人格障害を
患った訴訟では、損害賠償を認める判決が出されています。女子中
学生の聴取を３名の男性教員が行ったことが「セクハラ」と争訟に
なった事案もあります。

　アンケート調査では個人情報保護との関連で厳しい見解が示され
ています。いじめの調査に当たっては、保護者と緊密な連絡を取り
合い、適正に実施しなければなりません。

【関係児童生徒への指導・支援】

51 「加害」「被害」を明確に分け、加害者には厳罰主義で臨む。

52 認知報告書には「加害児童生徒」と明記している。

53 被害児童生徒の心のケアは担任以外の専門家が行っている。

54 被害児童生徒には欠席や転校を勧めている。

55 被害児童生徒に問題がある場合は、厳しく指摘・指導している。

56 関係児童生徒に特性がある場合、いじめとして扱わない。

57 加害者から被害者への謝罪があった時点で「解消」と判断する。

58 関係児童生徒の「別室学習」は保護者の了解はとらない。

59 警察への通告は原則しないことにしている。

60 加害児童生徒・保護者には「弁明の機会」を与えない。

ミニ解説　被害児童生徒は心に大きな痛手を受けています。本人や保護者の意向を確認したうえでの専門家によるカウンセリングも大切ですが、最も身近にいる担任の支えは重要です。

　「被害と加害が錯綜しているケース」をめぐる問題は各地で発生しています。設置者への認知（発生）報告書の「加害者氏名」欄に名前が記載されたと、保護者が訴訟の構えを見せている例も多々あります。二項対立的な法体系のなかでの教育的配慮・対処についての議論の深まりが期待されます。

【重大事態への対処】

61 卒業生が訴える重大事態調査は、「在籍していない」のでしない。

62 「いじめにより」の要件を満たさない保護者の申立ては拒否する。

63 保護者の申立て後、調査開始までに相当期間を要する。

64 調査中の審議内容はその都度詳細に保護者に報告している。

65 答申前であっても、保護者に報告書内容をすべて知らせている。

66 被害側が調査を拒否した場合は、調査を実施しない。

67　不登校重大事態は、欠席数が30日に達するまでは調査はしない。
68　退学・転学した場合は調査をする必要性がなくなる。
69　加害側が被害を訴えたら、調査中の事案はなかったことにする。
70　学校主体の調査は教職員のみで実施している。

ミニ解説　重大事態調査の8割以上が「学校主体」で、その93%が学校の組織に第三者を加えた委員会で行われている（令和4年度）という実態に問題があります。設置者主体のほとんどは、専門性・公平性を備えた第三者で構成される調査委員会が実際の調査に当たっていますが、調査方法や結果報告等をめぐる問題は山積しています。問題解決が急がれますが、学校は法、基本方針、ガイドラインをしっかり読み込み、設置者の指導・支援（法第28条第3項）を受けながら組織で取り組む必要があります。

【「第三者委員会」の問題】
71　被害側から推薦があった場合には、必ず委員に加える。
72　学会等からの推薦がない委員への罷免要求には応じる。
73　保護者からの委員交代要求には必ず応じる。
74　保護者が聴き取り調査を拒否する場合は、調査を終了する。
75　保護者が調査開始前説明に参加しなければ調査を中断する。
76　委員の氏名は保護者には知らせないようにしている。
77　事務局担当の公平性の担保は無理であると判断している。
78　保護者の第三者委員会の参加・傍聴要求は受け入れている。
79　法第10条の「財政上の措置」には、第三者委員の報償費も含まれている。
80　教育委員会主体調査では、第三者が全く関与しない場合もある。

ミニ解説　第三者委員会の立ち上げは、設置者主体の場合に多く、学校主体の場合は委員選定・予算措置・事務局体制の整備等の課題

があって、第三者委員のみの委員会の立ち上げはむずかしい状況です（令和4年度の調査では、学校主体7%、設置者主体59%）。

　司法・医療・心理・福祉・教育の専門性を有する委員による詳細な調査が行われますが、学会等からの委員推薦、委員会開催日の調整、予算確保、事務局の多忙化等の問題に加え、「捜査権」のないなかでの聴取の実施や資料収集等に困難さを抱えているため、円滑な運営に苦慮しています。

【関係機関等への対応・関係機関との連携】

81　学校は設置者への認知報告を月末の定例報告で行っている。

82　学校は、重大事態が発生したら地方公共団体の長等に直接報告している。

83　いじめ問題対策連絡協議会は問題が生じたときにのみ開催する。

84　日本スポーツ振興センターへの災害共済給付の申請は、保護者からの要請を受けてから適否を判断している。

85　個人情報保護の観点から、報道機関への情報提供は行わない。

86　個人情報保護に配慮して、医療機関等との連携は避けている。

87　弁護士以外は「代理人」とは認めない。

88　法務局への訴えがあった場合、学校は人権侵犯で何らかの措置を受ける。

89　ネットいじめ監視の外注は、個人情報保護のため実施しない。

90　関係児童生徒が通所等している関係機関との連携は図らない。

ミニ解説　いじめ問題への対処に当たっては、学校と設置者（教育委員会、学校法人等）との連携協働が欠かせません。法第24・28条には設置者による学校支援が、第10条には財政上の措置が定められています。さらに、専門性のある関係機関が多数存在するので、それぞれの役割（機能）、連携の留意点等について熟知し、適時適切な連携を図ることが重要です。

【自死事案への対応】

91　遺族と連絡が取れないときは、学校判断で対処する。

92　遺族との連絡窓口は担任とする。

93　「事故死（または転校等）としてほしい」との遺族の意向に従う。

94　連鎖を防ぐため、児童生徒には事実を伝えない。

95　葬儀への参加者等は遺族の意向を尋ねず、学校が決定する。

96　マスコミからの問い合わせにはいっさい応じない。

97　マスコミ等からの記者会見の開催要求は断る。

98　保護者会の開催等、目立つ取り組みは控える。

99　机等を片付けるなど、級友らが「早く忘れる」よう努める。

100　遺品等の返還は自宅に送付（または処分）する。

ミニ解説　遺族の心情に寄り添い、意向を確認しながら取り組むことが何よりも大切です。亡くなった子供への弔意を忘れず、遺族や他の児童生徒・保護者の心情にも心を配り、心のケアや学校再開に向けた取り組みを慎重に行う必要があります。さらに、教職員の心身の疲労にも留意した組織的取り組みが望まれます。

　文部科学省の「子どもの自殺が起きたときの緊急対応の手引き」（平成22年）や、「子供の自殺が起きたときの背景調査の指針（改訂版）」を参考にするとともに、医療・心理の専門家からの助言・指導を受けながら対応することが重要です。

(2)　自死問題の阻止

　「子供の最善の利益の保障」の究極の崩壊が自死です。悲惨な自死は何としても防がなければなりません。

　文部科学省が作成したマニュアルには、「自殺の引き金となる『直接のきっかけ』が原因としてとらえられがちですが、自殺を理解するためには複雑な要因がさまざまに重なった『準備状態』に目

図9　保護者と連携した自殺防止

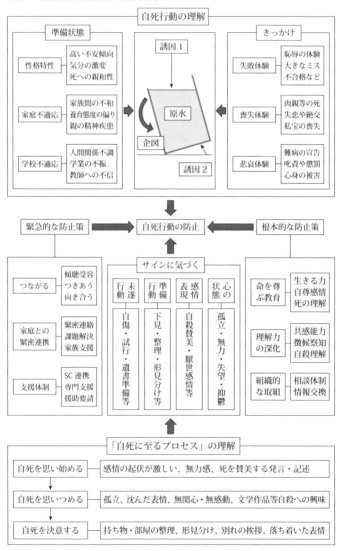

を向けることが大切」[1] とあります。

　拙著では、図9を使い、「コップの水が溢れ出た瞬間を自死の決行と考えると、少しずつ溜まっていった水（原水）が『準備状態』、コップに急激に加えられた水（注入水）あるいは、コップを傾ける力が『きっかけ』」[2] と考え、保護者と協力して、注入水となる「いじめ」の防止に全力を尽くす必要性を強調しました。

　「原水」を察知する観察力も大切ですが、「注入水」を見逃すようなことがあってはなりません。そのためには、教職員と保護者の力強い連携協働がどうしても欠かせないのです。

〈注〉
（1）　文部科学省「教師が知っておきたい子どもの自殺予防」2009 年。
（2）　嶋﨑政男『「脱いじめ」への処方箋』ぎょうせい、2013 年。

§3

保護者とともに「不登校」に取り組む

1.「不登校問題」クロニクル

(1)「不登校問題」の現状

　文部科学省調査では、不登校児童生徒を「何らかの心理的、情緒的、身体的あるいは社会的要因・背景により、登校しないあるいはしたくともできない状況にあるために年間30日以上欠席した者のうち、病気や経済的な理由による者を除いたもの」と定義し、昭和41（1966）年から調査しています。**図1・2・3**がその結果（千人比）です。

　高等学校を対象とした不登校調査は、平成16（2004）年度から始められましたが、年度による変化は少なく、千人比での比較では、中学生の半分程度です。このため、高等学校には不登校問題がないように思われますが、東京都におけるチャレンジスクールのように、不登校経験のある生徒や高校を中途退学した生徒を主に受け入れる

図1　小学校の不登校・千人比の推移

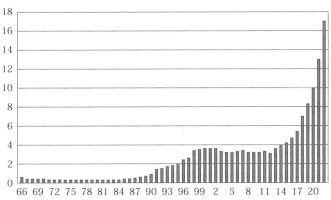

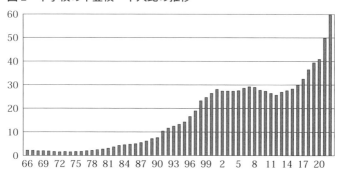

図2　中学校の不登校・千人比の推移

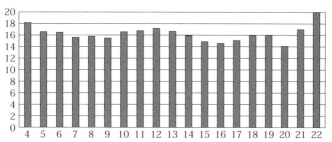

図3　高等学校の不登校・千人比の推移

※グラフは文部科学省（文部省）が毎年実施する「児童生徒の問題行動・不登校等生徒指導上の諸課題に関する調査」（平成 27〈2015〉年度までは「児童生徒の問題行動等生徒指導上の諸問題に関する調査」）の結果を基に作成したもの。調査開始年度（昭和 41〈1966〉）から平成2（1990）年度までは「50 日以上」を計上していたが、平成3（1991）年度から「30 日以上」に変更された。平成3年度から10 年度までの8年間は、「30 日以上」「50 日以上」ともに調査が行われており、両者の比較から「30日以上」の欠席者のうち、80〜84％が「50日以上」欠席することが判明した。この数値を基に、平成2年度までの「50日以上」の欠席者数を「30日以上」の欠席と推計した。したがって、平成2年度までの数値は「推計値」である。

学校の開校や、サポート校による通信制高校の設立の増加により、不登校生徒数が「暗数化」したと言えます（図4）。

とくに、平成14（2002）年に構造改革特別区域法で「特区においては、地方公共団体が、教育上又は研究上『特別なニーズ』があると認める場合には、株式会社に学校の設置を認める」とされて以

図4　私立通信制高校生徒数の推移

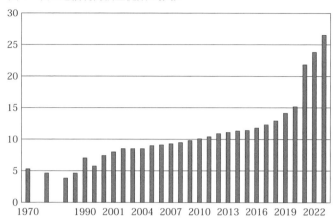

降の私立通信制高校の学校数・生徒数は激増しています。

　昭和45（1970）年には15校・52,900人でしたが、平成17（2005）年は99校・89,748人となり、令和4（2022）は195校・183,646人と、学校数13倍、生徒数3.2倍となっています。公私合わせた通信高校生は、令和5（2023）年には26万人を突破し、実に全高校生の12人に1人という割合となっています。

　高校中退者との関連では、平成5（1993）年発出の文部省通知「高等学校中途退学問題への対応について」において、高等学校教育の多様化、柔軟化、個性化の推進や、生徒指導・学習指導の改善・充実等が提言され、教育委員会・学校は真摯に取り組んできていますが、中途退学者や不本意入学者のなかに、小・中学校の不登校問題に通底する要因・背景があるのであれば、この視点から取り組む必要があります。

　これに対し、小・中学校における不登校問題は深刻度を増しています。2022年度の調査結果の報道では、「不登校2割増　最多29万人小中、4割専門相談せず」[1]等、各紙とも大きな活字が躍りました。

なお、実数には大きな開きがあるものの、小・中学生の不登校児童生徒千人比のグラフはよく似た形状を示し、次のように、大きく5つの時期区分が可能です。

第Ⅰ期〈平準期〉増減が少なく千人比の数値も低い時期
第Ⅱ期〈増加期〉増加傾向がみられる時期
第Ⅲ期〈急増期〉増加率が高まった時期
第Ⅳ期〈高原期〉高止まりの状態が続いた時期
第Ⅴ期〈再増期〉再び急増している時期

　わが国における不登校問題の歴史は、「不登校の発現原因をめぐって、子供の心性や親の特性にそれを見出そうとする潮流と、学校環境の問題とする対立的論争史」[2]であったとされ、その二者択一的・我田引水的論争が、不登校問題に大きな影を落としてきたと思われます。以下、各時期の特徴を振り返ってみましょう。

(2) 「平準期」：治療対象としての不登校

　長期欠席の研究は、昭和30年代初頭、ジョンソン（米）が非行的怠学と区別し、「school phobia（学校恐怖症）」と命名した症例が紹介されたのが始まりとされます。当初は母子分離不安（子供が母親から離される不安）説が主流でしたが、30年代中期以降は、学校を意識化した登校拒否（school refusal）の概念が導入され、「学校恐怖症」に代わって「登校拒否」と呼ばれるようになりました。

　30年代半ばには、登校拒否の増加が精神科医によって報告されるようになり、昭和34（1959）年「神経症的登校拒否行動の研究
──ケース分析による」（佐藤修策）等の論文が発表されました。昭和42年からは、東京都立教育研究所相談来所者の理由別1位を「登校拒否」が占めるようになり、この頃から精神科医や教育相談機関を中心に登校拒否に関する研究が進められました。

　このような動きに対応して、文部省は昭和41年度から年間50

日以上の欠席者を「学校嫌い」としてその人数の調査を始めました
が、小学校では調査開始から昭和62（1987）年度までは、全児童
に占める割合（千人比）は0.3～0.6、中学校でも昭和53（1978）
年度までは1.9～2.1の間を小幅な増減にとどまっていました。

　この時期は、不登校は家庭要因説が主流で、「登校拒否の原因や
背景は児童生徒の性格傾向、家庭における養育態度などにわたって
幅広く複雑なものがある」[3]との考え方に基づき、カウンセリン
グ中心の治療的対応が行われました。

(3) 「増加期」：数々の取り組みと「学校要因論」の台頭

　中学校での登校拒否生徒数が増加に転じたのは昭和54（1979）
年度からでした。千人比が2.1から2.4となり以後増加が続きまし
た。小学校は昭和60（1985）年度から増加に転じますが、小・中
学校とも、増え始めた年度と平成7（1995）年度（急増が始まる
前年）を比較すると、小学校は0.4から2.0へ、中学校は2.4から
14.2へと、ともに5倍に増えています。この時期を「増加期」と
します。

　増加期には、『生徒指導資料18集　登校拒否問題を中心に』の
発行（1983年）、学校不適応対策調査委員会の発足（1989年）、
適応指導教室の設置（1990年）、民間施設ガイドラインの試案の
策定・対応に関する通知の発出（1992年）、スクールカウンセラー
活用調査研究の開始（1995年）等、事態を重く見た文部省は次々
と対応策を打ち出しました。

　また、いわゆる神経症タイプの登校拒否への対応として、情緒障
害学級での登校拒否児受け入れ、神経症的登校拒否生徒のための全
寮制高校の開校、共同生活での自立支援施設創立、心理診療機関で
ある治療教育センター開設等の動きが活発となりました。

　しかし一方で、登校拒否をめぐる問題が増えたのもこの時期でし
た。「登校拒否のわが子絞殺　新学期目前、悲観の母」「38歳母親、
登校拒否苦に心中」「母親、小5の首絞める」等の活字が新聞紙上
に登場したり、戸塚ヨットスクールで中1訓練生死亡（昭和58

〈1983〉年）、登校拒否児等の全寮制「不動塾」で15歳少年リンチ死（昭和62〈1987〉年）、登校拒否・家庭内暴力を治療目的とする修養道場で高2リンチ死（昭和63〈1988〉年）等、登校拒否にかかわる事件が多発したのです。

こうしたなか、登校拒否を個人の問題に帰することへの疑問の声が高まり、「子供が危機を感じている学校状況に対して無意識にとる防衛的な回避反応」（渡辺位）[4]、「一過性の思春期の異議申し立て」（河合洋）[5]、「学校が不登校児をつくる」（若林実）[6]とする論調が広がり始めました。

昭和59（1984）年には、自立支援施設11団体が「青少年創・生連絡協議会」を発足させ、これまでの「特定の個人に起こる治療対象としての登校拒否」論に対する、学校の病理性・病原性を問う「学校要因論」の台頭が明らかになりました。

このような動きが追い風となり、「不登校を否定する価値に異議を唱え、不登校の権利を主張する」[7]「不登校運動」が生まれ、この後大きく発展していくこととなりました。渡辺位・児童精神科医の下に集まった不登校親の会を母体として、「登校拒否を考える会」が設立され、昭和60（1985）年には、そのメンバーだった奥地圭子氏が後に「東京シューレ」となる施設を開設しました。

ここに、個人の特性や親の養育態度等を主因と考える「家庭要因論」と、学校病理こそが原因であり、そこからの「撤退」は健康で正常な反応だとする「学校要因論」の論戦の火蓋が切られたのです。

不登校には多様な要因や背景が複雑に絡み合っている事案が多く、一方が正しく一方が誤りという問題ではなく、個々の要因に応じた適切な対応が求められるにもかかわらず、両論の歩み寄りが見られなかったことは、不登校問題の解消を望む人々にとって大きな悲劇だったと思われます。

(4) 「急増期」から「高原期」へ：「不登校物語」序章

増加を続けていた不登校（平成10年度調査より「学校嫌い」を「不登校」と改称）は、平成8（1996）年度からその上昇率を高め

ていきました。平成7（1995）年度とピークを迎えた平成13（2001）年度の千人比を比較すると、小学校は1.8倍に、中学校は約2倍に急上昇したのです。

　この後、平成24（2012）年度までの約10年間は多少の増減はありましたが、その幅は小さく（小学校3.1～3.6、中学校25.6～29.1）、高止まりの状況だったため「高原期」と表現することができます。不登校児童生徒数の急増・高止まりの背景には、「登校拒否はどの子にも起こりうる」という登校拒否（不登校）観の大きな転換があったと考えられます。

　文部（科学）省は「学校不適応対策調査研究協力者会議」（平成元〈1989〉年）および「不登校問題に関する調査研究協力者会議」（平成14〈2002〉年）を設置し、その報告書を基に、「登校拒否問題への対応について」（平成4〈1992〉年）、「不登校への対応の在り方について」（平成15〈2003〉年）という通知を発出しました。

　前者の通知の「登校拒否問題に対する上での基本的な視点」では、冒頭、「登校拒否はどの児童生徒にも起こりうるものである」とされ、「学校生活上の問題が起因して登校拒否になってしまう場合がしばしばみられる」と続けられました。加えて、その対応においては、適応指導教室や民間施設での相談・指導に触れ、その際の指導要録上の出欠の扱いにも言及しました。

　この通知を「文部省は『登校強制』から『見守り』へと変化した。不登校運動の成果」と欣喜雀躍する人々がいる一方、「『見守ればいい。やがて自分の力で立ち直る』という妙な考え方が広まった（中略）ただ放っておいていい人なんか一人もいない」[8]と、不登校の更なる増加を懸念する声も高まりました。

(5)　「再増期」：「不登校物語」の完成に向けて

　小・中学校とも、平成25（2013）年度から不登校児童生徒数は増加に転じ、令和4（2022）年度の千人比は、小学校17人、中学校約60人、高等学校20人となっています。再び「急増期」を迎

えています。コロナ禍の影響も考えられますが、ここ数年の急増には別の要因に目を向けざるを得ません。詳細は次節で検討しますが、子供向けの「無理して学校に行く必要はない」、大人向けの「動かず見守る」という「不登校物語」の流布の影響は見逃せません。

　不登校児童生徒数が高止まりの様相を見せた平成15（2003）年5月、不登校に係る2回目の通知が出されました。「特定の子供に特有の問題があることによって起こることではなく」と、第1回通知の「どの子供にも起こりうる」という姿勢を踏襲しつつも、「基本的な考え方」の一つに「働きかけることや関わりをもつことの重要性」をあげ、「児童生徒の状況を理解しようとすることもなく、あるいは必要としている支援を行おうとすることもなく、ただ待つだけでは、状況の改善にならない」と、「見守る＝何もしない」という誤解の解消にも努める姿勢が見られました。

　「1992年通知」での懸念（教職員が「不登校は仕方ない」「専門家に任せよう」「見守ろう」等と受け止めてしまうこと）を払拭する意図をもつとともに、不登校を「心の問題」として捉えるのでなく、将来の社会的自立に向けた「進路の問題」として支援する必要があることを明確にした通知でした。

　さらに本通知では、「教育が果たすことができる、あるいは果たすべき役割が大きい」としながらも、「学校限界論」あるいは「学校外教育推奨論」への道筋をつける提言が随所に見られます。

　第一に、「適切な機関による支援と多様な学習機会の提供」の重要性を述べたくだりでは、「公的機関のみならず、民間施設やNPO等と積極的に」連携・協力・補完することの意義を強調しています。また、前回通知同様、民間施設での相談・指導を受けている場合の指導要録上の出欠扱いと、「民間施設についてのガイドライン」を添付しています。

　第二に、教育センター業務のNPO法人等への委託への方向性を示した点も注目されます。通知を受け、平成15（2003）年7月、「教育センターの相談・適応指導業務の委託について」の通知も出

され、業務の一部または全部を NPO 法人等に委託することが提言されたのです。

　第三に、IT 等の活用における民間事業者の参入を推奨した点です。「3. 教育委員会の取組の充実」(7)「訪問型支援など保護者への支援の充実」のなかに、「相談等のきっかけとして IT 等の活用も考えられる」と簡単に触れたものが、「不登校児童生徒が自宅において IT 等を活用した学習活動を行った場合の指導要録上の出欠の取扱い等について」の通知（平成 17〈2005〉年）のなかでは、公的機関等に民間事業者を加えたのです。

　平成 28（2016）年 9 月、3 回目の不登校問題全般に係る文部省通知が出されました。不登校児童生徒の千人比が最多記録を更新中のことでした。この「不登校児童生徒への支援の在り方について（通知）」には、次のような、これまでとは違った対応の視点が数多く盛り込まれました。

①不登校を「休養」と捉える

　通知には、「不登校の時期が休養や自分を見つめ直す等の積極的な意味を持つ」との記述があります。同年 12 月に超党派による議員立法で成立した「義務教育の段階における普通教育に相当する教育の機会の確保等に関する法律」（以下「教育機会確保法」という。）の第 13 条にも「個々の不登校児童生徒の休養の必要性を踏まえ」とあります。

　両者に共通する「休養」の意義は、双方の成立に深くかかわった馳浩・元文部科学大臣が「ちょっとの間、休んでもいいよ、その間に学習も受けられるようにしてあげるよ、といったケアも必要だと思います」[9] と簡潔明瞭に述べています。

　「休養」が必要な児童生徒も多数存在します。しかしすべてではありません。「中学校学習指導要領解説　総則編」第 4 節 2 (3) には、「不登校生徒の状況によっては休養が必要な場合があることも留意しつつ」という文言があります（「小学校学習指導要領解説　総則編」にも同様の記述あり）。「状況によっては」であって、「場

合がある」のです。

②「問題行動」と判断しない

通知の前文には、「『問題行動』と判断してはならない」とあります。「不登校児童生徒が悪いという根強い偏見を払拭」するためと説明されます。不登校問題に熱心に取り組む教員にとっては晴天の霹靂だっただろうと思われます。「不登校が悪い」という意識など持ったこともなく、ただただ「学級の輪に入ってほしい」との願いから胸を痛めているのですから。

ある教育委員会で生徒指導の手引書作成の手伝いをさせていただいた折、不登校問題が掲載されていないことに気づき、「不登校児童生徒への支援は生徒指導の一環ではないか」と質問したことがありました。もちろん「問題行動」としての扱いではなく、自立支援や学力補充等、当事者支援のあり方を意識しての発言でした。しかし、明確な返答はなく会議は終了されました。

通知の前文には「教育の観点のみで捉えて対応することが困難な場合がある」としながらも、「教育が果たす役割が大きい」と続くので、よもや「不登校は生徒指導の範疇外」との誤解が生まれることはないと思うのですが、「はたらきかけを一切しない場合や、必要な関わりを持つことまで控えて時機を失してしまう場合がある」[(10)]ことは肝銘しておかなければなりません。

③「学校復帰」という結果だけを求めない

不登校問題への取り組み目標は、1992年通知では「目標」という言葉は使われていませんが、「児童生徒の自立を促し、学校生活への適応を図る」ことを求めています。2003年通知では、基本的考え方の冒頭に「不登校の解決の目標は、児童生徒の将来的な社会的自立に向けて支援すること」と明記され、「ただ待つだけでは、状況の改善にならないという認識が必要」として、「働きかけることや関わりを持つことの重要性」が指摘されました。

これに対し、2019年通知では「『学校に登校する』という結果のみを目標にするのではなく」とされ、「児童生徒によっては、不

登校の時期が休養や自分を見つめ直す等の積極的な意味を持つことがある」と続けています。もちろん「学校は不登校対応から『撤退』せよ」と言っているわけではありません。しかし、「学校復帰だけをめざすな」との表現は、これまでの不登校観に大きな変革を迫るものでした。

「登校拒否問題を中心に」を副題とする『生徒指導資料第18集』（文部省）には、「学校は、登校拒否の問題に真剣に立ち向かうべき責務がある」と、同22集には「学校や教師は（中略）努力すれば成果があげられるという確信のもとに実践を深めて欲しい」と、学校への期待が述べられています。不登校問題は生徒指導上の大きな課題の一つであることを忘れてはなりません。

〈注〉

（1）　「朝日新聞」2023年10月5日朝刊。
（2）　齊藤万比古『不登校の児童・思春期精神医学』金剛出版、2006年。
（3）　文部省『生徒指導資料第18集　生徒の健全育成をめぐる諸問題——登校拒否問題を中心に』1983年。
（4）　渡辺位編著『登校拒否・学校に行かないで生きる』太郎次郎社、1983年。
（5）　河合洋『学校に背を向ける子ども　なにが登校拒否を生みだすのか』日本放送出版協会、1986年。
（6）　若林実『エジソンも不登校児だった——小児科医からみた「登校拒否」』筑摩書房、1990年。
（7）　貴戸理恵『「コミュ障」の社会学』青土社、2018年。
（8）　日本評論社編集部編『田んぼの真ん中、はぐれ雲——自立する若者たち』日本評論社、2014年。
（9）　馳浩・義家弘介・冨岡勉・堂故茂・豊田真由子『文科省では定刻になるとチャイムが鳴るって知ってましたか?』小学館、2016年。
（10）　国立教育政策研究所生徒指導研究センター『生徒指導上の諸問題の推移とこれからの生徒指導』ぎょうせい、2003年。

2. 「不登校物語」の完成

(1) 「不登校論争」の終焉に向けて

「（不登校）はどの子にも起こりうる（特定の子供に特有の問題があることによって起こることではない）」とする不登校関連の通知（第1回〈1992年〉・第2回〈2003年〉）で、「不登校論争」の行方はほぼ確定されたと言えますが、不登校を「問題行動としない」「休養と捉える」「学校復帰という結果だけを目標としない」とした通知（平成28〈2016〉年9月）は、「不登校論争」の終焉を告げるものとなりました。

駄目押しの役割を果たしたのは、令和元（2019）年10月25日発出の文部科学省通知「不登校児童生徒の支援の在り方について」でした。教育機会確保法（平成28年12月公布）を受けての対応と思われますが、10数年おきに出されていた不登校関連の通知が、前回（2016年）から3年後という異例の早さでの発出であり、これまでの通知等は「本通知をもって廃止」にするという念の入れようでした。しかも前回通知との相違点はほとんどないに等しいものでした。

これを報じる「不登校生『出席』文科省、学校復帰を無理に求めない方針」という大きな活字（令和元〈2019〉年10月26日の「朝日新聞」朝刊）は衝撃的でした。これまで教育委員会・学校をはじめ、フリースクール、宿泊型自立支援施設等、多くの人々が、不登校児童生徒の「学校復帰」をめざして懸命の努力を続けてきましたが、その純粋な願いは大きく打ち砕かれたようです。

というのも、前回通知との違いに目を凝らしてみても、「不登校の時期が休養や自分を見つめ直す等の積極的な意味を持つ」「『学校に登校する』という結果のみを目標としない」等、同様の文章が続き、大きな変更点は、指導要録上の出席扱いの要件から「学校復帰への懸命な努力を続けている者」の文言が削除されたことでした。フリースクール等の学外施設に通う不登校児童生徒を「出席」扱い

にしやすくする意図は十分理解できますが、「学校復帰への取り組みの意義」の全面否定とも受け取れる表現は、「学校復帰を無理に求めない」に軍配をあげたと解されたのも当然でした。

　長年、不登校運動を先導してきた奥地圭子氏は、自著のなかで、「国の不登校対策は、長い間『学校復帰』が前提でした。(中略)学校復帰のみを目標としない不登校政策に変わりました」[1]と記し、「国がこれまでと180度違ってきた」との認識を示しています。

　「教育機会確保法を踏まえた不登校対応」をテーマとするシンポジウムで登壇の機会を得た折、この書を手に「本書は著者の"勝利宣言書"」と紹介しました。会の終了後、長年、不登校問題に真摯に取り組んでこられた女性教師から声をかけられました。「私たちがこれまで懸命に取り組んできたことは何だったのでしょう」。その訴えに「間違ってはいません。これからも子供を中心にがんばりましょう」と答えるのが精一杯でした。

　既述したように、不登校問題は、平準期（〜1978）、増加期（〜1995）、急増期（〜2002）、高原期（〜2013）を経て、今、再増期（2014〜）の真っ只中にあります。その要因・背景を「コロナ禍の影響」とするのはあまりに近視眼的です。「現代において『学校には行くべき』という価値観は、かつてに比べれば大幅に減圧され」[2]たとの見方が支配的なのではないでしょうか。

　「登校刺激の圧力から解放される」「保護者の罪障感の低減につながる」「最適な学習環境の提供ができる」等の見解には諸手をあげて賛同できますが、不登校問題に取り組んできた先達の教え「100の不登校には100の対応の仕方がある」の正しさには一片の揺るぎはありません。学校復帰を望む人々への支援を途絶えさせてはいけないと思います。

　「不登校に関する調査研究協力者会議報告」（令和4〈2022〉年6月）には、「今後の不登校児童生徒への学習機会と支援の在り方について」という副題が付けられ、不登校傾向のある児童生徒の早期発見や学校内の居場所づくり等が提言されています。

しかしながら、令和5（2023）年5月には、文部科学省から「COCOLOプラン」が発表され、この趣旨の徹底を図るために発出された「誰一人取り残されない学びの保障に向けた不登校対策について（通知）」では、「不登校児童生徒が学びたいと思った時に学べる環境の整備」が通知の大半を占めています。「学校復帰」に係る文言はありません。こうして、「無理して学校復帰を促さず、学校外の学びの場を保障していこう」という「不登校物語」が完成したのです。

　このような動きには各方面から異論も出されました。某市の市長さんの発言（「文部科学省がフリースクールの存在を認めたことに愕然としている」「無理して学校に行っているが、『フリースクールがあるんだったらそっちに』という雪崩現象が起きるのでは」等）は物議をかもし、謝罪に追い込まれましたが、「フリースクールの制度設計をしないまま、自治体に支援を呼びかける文部科学省への批判」だとする持論を翻すことはありませんでした（令和5年10月25日の会見）。

　文部科学省の動きもすばやく、令和5年11月17日に「不登校の児童生徒への支援の充実について」という通知を発出し、「文部科学省がこれまで発出した通知について、『学校に戻ることを前提としない方針を打ち出した』等の指摘があることから、誤解が生じないよう」（「まえがき」）と釘を刺しました。

　しかし、これまでの動きを注視してきた人々は、「不登校物語」の「執筆」が着々と進められていることを感じ取っていました。「『嫌なことがあったら無理しないで休んでよい』という文部科学省のメッセージは、深刻な理由で学校に行けなくなった子供には大きな救いになる一方、そうではない子供、なんとなく行きたくなくなった子供に対しては不登校へのハードルを一気に下げてしまう免罪符となりました」[(3)]との見方は学校関係者を中心に広く共有されています。「学校復帰」という言葉が砕け散って死語となるような、大きなうねりを肌で感じていたからです。その「うねり」の最

初の一滴は、「学校外対応」の必要性を求める声でした。

(2)　「学校外対応」の系譜

　不登校の背景・要因は個々の事案によって大きく異なりますが、少なくとも「学校要因論」または「家庭要因論」のどちらか一方で説明のつくものでないことは多くの支持が得られているものと思われます。当該児童生徒、学校、家庭の三者の関係性を多角的に分析する必要があるとの見方が一般的となっています。

　私が最初にこの考え方と出会ったのは、東京都立教育研究所で児童生徒とのカウンセリングに従事していたときでした。「子供が学校に行くためのプラスの力と子供が学校から遠ざかるためのマイナスの力」[4]（学校場面での心理空間）の「バランスの崩れによる不登校の発現」との指摘は新鮮でした。

　その後、当該児童生徒を中心に、①家庭が子供を押し出す力、②学校が子供を惹きつける力、③学校が子供を阻む力、④家庭が子供を引き寄せる力と、4つの力を想定するようになりました。先の考え方で言えば、「①＋②＝プラスの力・③＋④＝マイナスの力」ということになります。

　さらに、④の力のなかには、起立性調節障害や過敏性腸症候群の不安から、学校に足が向けられない状況に追い込まれる児童生徒が含まれるとの認識から、このような個人の特性を5番目の力（⑤本人の特性等から生じる力）とすることにしました。

　ここにきて、家庭・子供・学校が形成する「心理空間」に、学校外の諸機関が加わりました（「⑥学校外の施設等に向かう力」と呼びます）。不登校問題の解消を「学校復帰」とするのではなく、「学校以外の多様な学びの場への適応」を可とするものです。この6番目の力を最有力視する考え方が支配的になってきたのです。

　この結果、不登校への取り組みは、「学校復帰へのはたらきかけ」より、「無理して学校に行くことはない。その子に合った場所（自宅も含め）の選択を支援すればよい」との方針が明確に示されるようになりました。学校復帰を促すことの必要性を明らかにした

調査（平成11〈1999〉年および同13〈2001〉年）等は「過去の遺物」と化しました。

この「源流」を辿ると、今でこそパソコン等の検索では「不登校児童生徒の運動不足の問題」などと表示される「不登校運動」に辿り着きますが、それが「激流」になったのは、フリースクール法の制定への動きが力強く後押ししたことが分かります。

次の文章からは一大臣の就任が日本の教育の針路を大きく変えた背景を窺い知ることができます。

「フリースクールは（中略）、適応指導教室などと違って、公的支援は受けられません。潮目が変わったのは2012年12月、第2次安倍内閣発足に伴う下村博文氏（当時の自民党教育再生実行本部長）の文部科学大臣・教育再生担当大臣就任でした。学習塾経営の経歴に加え、学習障害（LD）の息子を英国に留学させた経験を持っていることから、多様な教育の推進に熱心でした」[(5)]。

2014年6月、超党派による「フリースクール等議員連盟」が発足すると、その後の動きはまさに疾風迅雷でした。7月の教育再生会議第5次提言「今後の学制等の在り方について」では、フリースクールやインターナショナルスクールなど学校外の教育機会の位置付けについて「就学義務や公費負担の在り方を含め検討する」との一文が盛り込まれました。

同年9月に文部科学省内に「フリースクール等プロジェクトチーム」が設置され担当官が配置されるや、10月には文部科学省はフリースクール公的支援調査研究費として9,800万円を次年度予算概算要求に加えました。その直後、安倍首相はフリースクール「東京シューレ」を訪問し（2014年10月）、「学習面・財政面の支援検討を指示する」と発言、下村大臣もフリースペース視察（2014年11月）後、フリースクールにバウチャー制度（授業料等に充当できる現金引換券）の導入に言及しました。

2014年11月には、文部科学省主催の「全国フリースクール等フォーラム」が開かれ、翌年には、フリースクール関係者も加えた

有識者による「フリースクール等に関する検討会議」が発足。「不登校に関する調査研究協力者会議」との両輪で議論を進めながら、フリースクールの制度上の位置付けや、学習支援・経済支援のあり方などの検討が進められ、教育再生会議でも、第6・7・8次の各提言でフリースクールについて言及されました。

　2014年に超党派による「フリースクール等調査連盟」が発足すると、翌年2月には、議員立法をめざすことが宣言され、同時期に、安倍首相は施政方針演説で「フリースクールなどでの多様な学びを国として支持していきます」と発言しました。

　この頃、ネットには「安倍には『赤頭巾を被った狼であるフリースクール』の正体を見抜く能力が全くない」などの批判の声が載りましたが、2016年1月には、不登校児童生徒への支援モデル事業費56億円が盛り込まれ、5月には4党共同の「教育機会確保法案」が提出されました。

　2016年12月14日に公布された教育機会確保法第13条には、「国及び地方公共団体は、不登校児童生徒が学校以外の場において行う多様で適切な学習活動の重要性に鑑み、個々の不登校児童生徒の休養の必要性を踏まえ、当該不登校児童生徒の状況に応じた学習活動が行われることとなるよう、当該不登校児童生徒及びその保護者に対する必要な情報の提供、助言その他の支援を行うために必要な措置を講ずるものとする」とあります。

　3ヵ月前に発出された文部科学省通知「不登校児童生徒への支援の在り方について」にも、「児童生徒によっては、不登校の時期が休養や自分を見つめ直す等の積極的な意味を持つことがある」とあるので、軌を一にするものとなっています。

　なお、法成立の際、次のような附帯決議（衆議院・参議院の文部科学委員会）が採択されています（一部要約）。
①不登校の児童生徒やその保護者を追い詰めることのないよう配慮する。
②不登校はどの子にも起こり得るものであるとの視点に立つ。

③問題行動であると受け取られないようにする。

④いじめから身を守るため一定期間休むことを認める。

⑤状況把握・情報共有に当たっては、当該児童生徒や保護者の意思を尊重する。

⑥フリースクール等の学校以外の場での（中略）負担を軽減する。

　いずれも重要な視点ですが、先述した不登校をめぐる「6つの力」を幅広く見据えたものとは言えません。斎藤環・精神科医は、「不登校の問題を政治的な問題に重ねすぎるため、治療的な視点が締め出されてしまいがち」な点を憂慮し、「一部の不登校が、何らかの治療的対応によって救われることも事実」[(6)]であることを強調しています。

(3) 「不登校物語」の完成へ

　民間のフリースクールだけでなく、公的な学校外の教育施設の設置も着々と進められました。平成14（2002）年に成立した「構造改革特別区域法」では、不登校児童生徒等を対象とする教育課程弾力化が示され、平成16（2004）年には「高尾山学園」（東京都）等、全国で4校の不登校特例校が開校されました。

　平成28（2016）年12月には、「フリースクール法」から名を替えた「教育機会確保法」が公布され、不登校関連の通知「不登校児童生徒への支援の在り方について」が発出されました。この通知では、「支援の視点」で「児童生徒によっては、不登校の時期が休養や自分を見つめ直す等の積極的な意味をもつ」に続けて、「一方で、学業の遅れや進路選択上の不利益や社会的自立へのリスクが存在する」ことを明記し、「学校教育の意義・役割」では、「その役割は極めて大きい」としていることから、「義務教育の軽視」「義務教育の崩壊につながる」との批判は適切とは思えません。

　また、不登校児童生徒の支援については、「社会的自立に向けて進路の選択肢を広げる支援」（「②学校が子供を惹きつける力」の強化）、「学校になじめない要因の解消」（「③学校が子供を阻む力」の根絶）、「本人の希望を尊重した他機関の活用」（「⑥学校外の施設等

に向かう力」の支援）をあげ、「（4）家庭への支援」の項を設けることで、①家庭が子供を押し出す力、④家庭が子供を引き寄せる力、⑤本人の特性等から生じる力にも言及しています。

　しかし、「『登校する』という結果のみを目標としない」「休養と捉える」というキャッチフレーズは、フリースクール等への公的補助の動きと相まって、学校だけでなく、社会全体に「不登校物語」を浸透させていったと思われます。

　「学校にはいじめや体罰がはびこっている所もあるよ。無理して学校に行く必要はないんだ。学びの場所はいくらでもあるから」という「不登校物語」の広がりは、不登校問題に関する施策からも窺えます。「COCOLOプラン」はその象徴と言えるでしょう。

（4）　COCOLOプランによる「不登校物語」の完結

　令和5（2023）年5月、文部科学省は「誰一人取り残されない学びの保障に向けた不登校対策」の推進を求める通知を出しました。通称「COCOLOプラン」と言われます。COmfortable・Customized・Optimized・LOcation of learning から「COCOLO」が生み出されたものと言われます。

　通知では、不登校対策が、「1.　不登校児童生徒が学びたいと思った時に学べる環境の整備」「2.　不登校児童生徒の保護者への支援」「3.　早期発見・早期支援のための福祉部局と教育委員会との連携強化」「4.　学校の風土の『見える化』」という4つの柱が示されています。

　詳細に述べられているのは「1.　不登校児童生徒が学びたいと思った時に学べる環境の整備」で、（1）不登校特例校の設置、（2）校内教育支援センター（スペシャルサポートルーム）の設置、（3）教育支援センターの支援機能等の強化、（4）教室以外の学習等の成果の適切な評価の実施、（5）柔軟な学級替えや転校等の対応、（6）高等学校等の生徒を含めた支援、（7）改めて中学校等で学び直すことを希望する者への支援への取り組みの充実を求めています。

　このうち、不登校特例校については、「不登校特例校の新たな名

称について（通知）」（令和5〈2023〉年8月）により、「学びの多様化学校」と呼ばれることになりました。この名称変更は、本施策のシンボリックな出来事でした。

　「学校に行けないことで自責の念に苦しむ児童生徒や、我が子が不登校であることに負い目を感じている保護者の苦しみを、少しでも和らげること」[7]は大切なことです。しかし、周囲の大人（教師や保護者等）が「あっちの水が甘くなかったら、こっちの水はどうかな」的な安易な方向付けに終始したのでは、社会的自立への支持・支援とは遠く離れたものになってしまいます。

　「不登校物語」が児童生徒から自己存在感を奪ったり、将来にわたる自己実現を妨げたりしてはならないのです。次のような見解に、不登校を経験した児童生徒がどのような「判決」を下すのか、注視していきたいと思います。

　「文部科学省は『学校が嫌なら来なくてもいい』と言うのではなく、『学校は社会性を学ぶところだから、少しくらい嫌なことがあっても、それに立ち向かうための努力をすることは生きていくために必要なことです』と言っていくべきです」[3]。

〈注〉
（1）　奥地圭子『明るい不登校──創造性は「学校」外でひらく』NHK出版、2019年。
（2）　藪下遊・高坂康雄『「叱らない」が子どもを苦しめる』筑摩書房、2024年。
（3）　守矢俊一『ゲームと不登校──学校復帰のサインを見逃さないために』ブックスマン社、2023年。
（4）　三好邦雄『登校拒否をみなおす──タイプ別の診断と治療』有斐閣、1988年。
（5）　渡辺敦司「フリースクールってどうして注目されてるの？」教育開発研究所編『教育の最新事情がよくわかる本3──これだけは知っておきたい教員としての最新知識！』教育開発研究所、2016年。
（6）　斎藤環『社会的ひきこもり──終わらない思春期』PHP研究所、1998年。

（7）　文部科学省『生徒指導提要』東洋館出版社、2023年。

3.「6つの力」を解きほぐす

（1）　不登校の要因・背景と「解決への道筋」

　不登校の定義の前段には、「何らかの心理的、情緒的、身体的あるいは、社会的要因・背景により」とあります。不登校問題には「誰にでも起こり得る」という認識で取り組むとともに、不登校になったきっかけや継続理由を的確にアセスメントして、個に応じた支持・支援を進めることが大切です。

　「不登校児童生徒への支援の在り方について（通知）」（平成元〈2019〉年10月、文部科学省。以下「通知」という。）では、「1　不登校児童生徒への支援に対する基本的な考え方」のなかで、「要因を的確に把握し、（中略）個々の児童生徒に応じたきめ細やかな支援策を策定」するよう求めています。

　その際、不登校児童生徒を取り巻く心理的空間にはたらく、「6つの力」に着目し、一つひとつていねいに検証することが重要です。これは「犯人探し」をして責任を追及するためではありません。「支援のポイント」を見極め、効果的な対応に生かすためです。

（2）　「不登校をめぐる力」の変遷（図5参照）

　「心理的空間」への注目が集まった当初は、①と②および③と④が統合された、「学校に向かう心理」（①＋②）と「学校を避ける心理」（③＋④）で個々のケースを考察していました。やがて、①と②および③と④を分けて考えたほうが、より理解が進むことが分かってきたので、これを独立させることにしました。

　さらに、不登校児童生徒のなかに、さまざまな刺激に敏感すぎたり、家庭外で腹痛が頻発する等の身体症状が悪化したりするなど、心身の特性を原因として不登校となる場合があることが明らかになり、これを「⑤本人の特性等から生じる力」（他の力を強める力）と名付けました。

　「不登校物語」の完成とともに、大きな注目を集めるようになっ

たのが、「⑥学校外の施設等に向かう力」です。「COCOLO プラン」
では、「不登校児童生徒が学びたいと思った時に学べる環境の整
備」が筆頭にあげられています。「学びたいと思った時」という文
言の挿入に、本プラン策定における深謀遠慮が感じられます。

図5

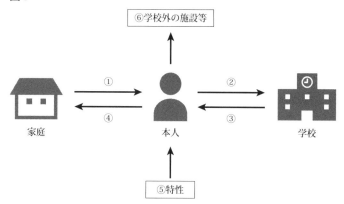

不登校の要因・背景を論じるには、この「6つの力」の多角的な
分析が必要です。個々のケースごとに、6つの観点から当該児童生
徒の状況を把握する必要があります。その結果を十分に検討して支
援方針・方法・計画および支援者・協働のあり方等を協議すること
になります。

「百の不登校には百の支援策」とは、先輩諸兄諸姉から耳にタコ
ができるほど指導を受けましたが、今まさに、この原点に立ち返る
必要性を感じています。「⑥の力」に頼ることは確かに現実的かも
しれません。しかし、①～⑥のすべてを公平・公正に検討してこそ
「真の不登校問題の解決」に繋がるものと信じます。

具体的な解決法は次節に譲り、ここでは、①～⑥の力がどのよう
に生み出されるかについてまとめておきます。「活かし強める力」
と「防ぎ弱める力」を峻別し、当該児童生徒にとって最適な支援の
あり方の検討に役立てたいものです。

(3)　家庭が子供を押し出す力─①

「心身の安全を脅かされるくらいなら無理して学校に行く必要はない」は正論ですが、「不登校物語」は必要以上にこのことを強調しすぎてはいないでしょうか。ここ数年の不登校児童生徒数の急増ぶりは、このことを裏付ける結果となっています。

「行きたいけれど行けない」と悩む児童生徒や、その様子を見守る保護者にとって、「登校したい」「登校させたい」という力の強化を声高に叫ばれることは大きな心理的負担を強いられることになります。傷口に塩をすり込むような対応は絶対に避けなければなりません。

一方で、一時の安心感を与えることだけを念頭に置いた「無理しなくてもいい」という言葉かけは無責任です。「あのとき、母が厳しく登校を勧めてくれて感謝している」等の声を聞くことがあります。不登校経験者の多くが「自身の不登校を後悔している」とのデータもあります。「無理しない・させない」の判断は、当人の気持ちや置かれた状況の的確な理解が大前提となります。

このことは、不登校問題に取り組む多くの人々が口を揃えて指摘していました。数十年にわたりご指導いただいている、開善塾教育研究所の金澤純三所長（現在、顧問）は、出版社のインタビューに次のように答えています（記事では「行動療法を中心とした独自の方法で、何年も学校に行けなかった生徒を復帰させてきた。その数は600人以上、復帰率はほぼ100％に近い」と紹介されています）。「カウンセラーがよく、『学校に行きたくなければ行かなくてもいい。好きなことをすればいい』といいますが、間違いです。彼らは学校に行きたいのに、行けないから悩んでいるんです。好きなことをしたいんじゃなくて、本当は学校に行きたいんです」[1]。

(4)　学校が子供を惹きつける力─②

不登校防止には、児童生徒が登校を楽しみにする学校づくりが欠かせません。「学校との間に紡がれるソーシャル・ボンドは、学校への『意味づけ』の束」で、「この束が太いほど、学校への結びつ

きは強くなり、問題行動は発現しにくくなる」⁽²⁾と言われます。通知では、「不登校が生じないような学校づくり」として、「魅力あるよりよい学校」をあげています。これが実現されれば、「②学校が子供を惹きつける力」は一気呵成に強力なものとなり、「①の力」の向上にもつながります。

このためには、学校生活の大半を占める「学びの時間」が楽しく魅力あるものでなければなりません。学ぶ喜びが溢れる教室は、「全ての子供たちの可能性を引き出す、個別最適な学びと、協働的な学び」⁽³⁾が展開されることが大切です。

また、児童生徒が自己存在感を実感できる、創意ある教育活動の充実も登校意欲を高めます。特色ある学校を誇りに思う子供たちは、「○○学校」としての「学校アイデンティティ」を大切にし、その継承に努めていくでしょう。

さらに、教師と児童生徒および児童生徒間に豊かな人間関係が構築される必要があります。あらゆる教育活動を通じて、児童生徒の個性および自主性が尊重されるなか、「学校愛」が育まれていきます。「誰もが登校を楽しみとする学校」の創造は、不登校対策の原点とも言えます。

(5) 学校が子供を阻む力—③

学校・学級が荒れていたり、いじめや暴力が頻発していたりする学校に足が遠のくことは当然のことです。教師の体罰や不適切な指導も学校への忌避感情を高めます。通知では、「1 不登校児童生徒への支援に対する基本的な考え方」で、「既存の学校教育になじめない児童生徒については、学校としてどのように受け入れていくかを検討し、なじめない要因の解消に努める必要がある」と、「③の力」を教育方針や校風等までも含む考え方を示しています。

安全・安心に過ごせる学校、自主性が尊重され誰もが自己存在感を実感できる学校、障害のある児童生徒等への合理的配慮が行き届いた学校。「行きたいのに行けない」児童生徒を生まないためには、このような学校づくりを阻む要因の除去に努めなければなりません。

「COCOLOプラン」で提唱された「学校風土の『見える化』」が求められる所以です。

(6) 家庭が子供を引き寄せる力―④

すでに見てきたように、学校恐怖症と言われた不登校研究の初期段階では「学校恐怖症の発生について家庭の占める役割は大きい」[4]とされ、その中心理論が「分離不安説」でした。

これは、「親と子の間の、未解決な依存性を症状形成の基礎とし、子供は学校への不安や恐怖から登校を拒否しているのではなく、母（または父）との分離に対する不安が学校場面にシンボリカルに置きかえられたもの」[4]と説明されました。学校が嫌なのではなく、「家から離れたくない」という気持ちの表れと説明されます。

この考え方は、全く顧みられなくなったということはありませんが、多様な要因・背景が取りあげられるなか、次第に忘れ去られるようになりました。しかし、「④家庭が子供を引き寄せる力」は、近年新たな現象の続発から、広く注目を浴びることとなりました。

1つは「ヤングケアラー問題」です。不登校に占める割合はさほど高くはありませんが、「主介護者」を支える児童生徒が、「表には『介護者』として見えず、自らもそうした認識をもたないまま、睡眠不足や疲労を溜めていき、それが長期化すると、学校生活や進路にも影響を受けてしまう」[5]状況には喫緊の取り組みが必要です。

2つ目は「教育虐待問題」です。石井光太氏は「親が子供の意思を無視して受験等を押し付け、独善的に掲げる高い理想を到達させるために"愛の鞭"と称して暴力をふるったり、精神的に追いつめたりする行為」を「行き過ぎた教育」とし、「フリースクールによっては、2、3割の子供がそれに該当することもある」[6]と記しています。

3つ目は、学校に行きたがっている子供を、保護者が登校させない「ネグレクト」です。最近では、子供に関心を寄せない「育児放棄」というより、いじめ問題に絡んだ事案が目立ちます。いじめの重大事態の調査の折に、「いじめが原因で登校できない」ことを主

張するための手段として利用するのです。

　保護者から「調査結果が出るまで、学校復帰をめざした取り組みをやめてほしい」という要求が出されることがあります。このような状況に、「『被害者』である子供本人の立つ瀬がなくなっていき、学校復帰の重大な阻害要因になっていくことが、今後実際に起こってくるのではないか」[7]との予測がありましたが、的中する例をいくつか目の当たりにしてきました。

　4つ目は、以前から問題解消に役立つことが多かった「家庭の城」問題です。冷暖房の効いた快適な自室を与えられ、パソコン、スマホ、DVD等を自由自在に使える環境はまさに「お城」です。「籠城」したい気持ちが強まることは当然なこととも言えます。2022年、WHO（世界保健機関）は日常生活に支障をきたすほどゲームに没頭する「ゲーム障害」を依存症と認定しました。「④家庭が子供を引き寄せる力」は医療対象にもなり得るわけです。

　これと関連して、家庭内暴力の発生が増加の一途を辿っていることが気になります（図6）。「籠城」の主因が依存症であると気づいた親は、子供に「開城」を求めるでしょう。その際の攻防が家庭内暴力として顕在化する場合があるのです。

図6　警察が把握した家庭内暴力（『警察白書』より作成）

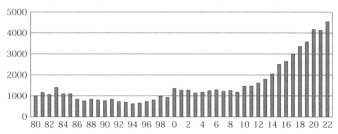

　5つ目は、次項で取りあげる「本人の特性」と密接に関係するものです。心身の問題やさまざまな特性から『『家庭に在る』ことをよし」とすることがあります。家庭外で起こる可能性のあるアクシデントを防ぐために、「より安全に過ごせる家庭」を選択すること

は理に適っている行動と言えるでしょう。

(7)　本人の特性等から生じる力―⑤

　これは、「④家庭が子供を引き寄せる力」に直接影響するものです。児童生徒の心身の「特性」が、「安心して学校に通う」ことを妨げている状態です。自律神経の働きが悪いため、朝、起きられない、食欲がない、倦怠感がある等の症状の出る起立性調節障害は、はその代表的な例です。

　「こだわり、コミュニケーション、不注意、多動、学習の問題が、学校という集団の場では目立ちやすくなり、それに対して適切な対応がなされていないと、否定的体験の積み重ねから、不適応状態になってしまう」[8]ことがあります。発達障害のある児童生徒にとって、不登校は二次障害と呼べるものです。二次障害は「その大半は発達障害の子供が与えられた環境と渡り合いながら、精一杯育ってきた過程で負った向こう傷の跡」と、二次障害発生の必然性も説かれています。その予防に努めなければならないことは当然ですが、保護者の養育を責めるのは酷ですし、保護者自身が自責感をもったりする必要はないということです。

　HSC（ハイリー・センシティブ・チャイルド）は、「視覚、聴覚、触覚などの感覚領域の知覚過敏があり、（中略）日常生活を脅かし、苦しめている」[9]子供のことで、「敏感な子・繊細な子」と訳されます。光に敏感な子供はカーテンを閉めます。冷気に敏感な子供はクーラーを嫌います。音に敏感な子供は始業のチャイムでパニックを起こすことがあります。このような場面で教師や同級生から「わがまま」と糾弾されたら、「③の力」が増大してしまいます。一方で、「繊細であるがゆえに、人より物事のよいところに気づき、感動したり共感したりすることができる」というプラス面もあります。

　日常接していた学生の様子からも、このような実態を窺い知ることが多くなりました。過敏性腸症候群に悩む学生が「通学途上の各駅のトイレの位置はすべて頭に入っているが、それでも通学が不安」と語ってくれたことがあります。

最近、大きな問題になっているのは「ネット依存」です。2022年度の内閣府の調査では、ネット依存が疑われる中高生は推計93万人です。学校に行っていたのではネットに「しがみつく」ことができません。「④の力」が強力になってしまいます。

　このように身体的・心理的理由から「結果として不登校」となるケースが増加しているように感じています。不登校問題への対応では、このような障害や疾病をアセスメントできる体制の整備が重要になっています。

(8)　学校外の施設等に向かう力─⑥

　これまで述べたように、不登校の要因・背景は多様化・複雑化しています。持論に合った解決策だけを推し進めることの弊害は明らかです。これまでの教え「百のケースに百の支援策」に嘘・偽りを見出すことはできません。

　ところが、近年目立つようになったのが、前述した①〜⑤の要因・背景に目をくれることもなく、「第6の道」（⑥学校外の施設等に向かう力）に希望を見出そうとする動きです。前節で検討した「不登校物語」の完成を機に「不登校対策の表舞台」に躍り出たものです。

　教育機会確保法では、不登校児童生徒が行う多様な学習活動の実情を踏まえた支援、および不登校児童生徒が安心して教育を受けられるための環境整備が謳われ、「特別の教育課程に基づく教育を行う学校の整備」「学習支援を行う教育施設の整備」「学校以外の場における学習活動の状況等の継続的な把握」「学校以外の場における学習活動等を行う不登校児童生徒に対する支援」等の施策が並びます。

　通知には、「学校になじめない要因の解消」に続けて、教育支援センター、不登校特例校、ICTを活用した学習支援、フリースクール、夜間中学での学習があげられています。「なじめないなら、こちらにどうぞ」とも受け止められる文脈となっています。

　高校では、オンライン授業での単位認定も現実のものとなってき

ました。メタバース（仮想空間）でのコミュニケーション体験等の
取り組みも進められています。

　①から⑤の検証を終え、ぴったり合う不登校解消策と出会うこと
ができなかった者にとっては朗報と受け止めることができますが、
「そっちの水は甘かった（なじめなかった）？」と問うこともなく、
いきなり「こっちの水は甘いよ（なじめるよ）」という手法を、こ
れまでの「学校復帰」を目標として、血の滲むような取り組みを続
けてきた多くの研究者・実践家はどう評価するのでしょうか。

〈注〉
（1）　『週刊文春』1998 年 2 月 19 日号、文藝春秋社。
（2）　森田洋司『いじめとは何か──教室の問題、社会の問題』中央公論新社、
　　　2010 年
（3）　中央教育審議会「『令和の日本型学校教育』の構築を目指して〜全ての
　　　子供たちの可能性を引き出す、個別最適な学びと、協働的な学びの実現〜
　　　（答申）」2021 年。
（4）　佐藤修策『登校拒否児』国土社、1968 年。
（5）　澁谷智子『ヤングケアラー──介護を担う子供・若者の現実』中央公論
　　　新社、2018 年。
（6）　石井光太『教育虐待──子供を壊す「教育熱心」な親たち』早川書房、
　　　2023 年。
（7）　三木憲明「いじめ防止対策推進法の施行と学校現場」『季刊教育法』182
　　　号、エイデル研究所、2014 年。
（8）　齊藤万比古編著『発達障害が引き起こす二次障害へのケアとサポート』
　　　学研プラス、2009 年。
（9）　飯村周平『HSP ブームの功罪を問う』岩波書店、2023 年。

4.　保護者と進める「不登校からの脱却」

（1）　不登校児童生徒への支援
　「不登校児童生徒への支援の在り方について（通知）」（文部科学
省、令和元年 10 月 5 日）の「1 不登校児童生徒への支援に対する
基本的な考え方（1）支援の視点」には次のようにあります。

「不登校児童生徒への支援は、『学校に登校する』という結果のみを目標にするのではなく、児童生徒が自らの進路を主体的に捉えて、社会的に自立することを目指す必要があること。また、児童生徒によっては、不登校の時期が休養や自分を見つめ直す等の積極的な意味を持つことがある一方で、学業の遅れや進路選択上の不利益や社会的自立へのリスクが存在することに留意すること」。

　通知の宛先は都道府県教育長等ですが、「登校を目標としない」「休養の意味を持つ」という文言には、学校に「行けない」ことを悩んでいる児童生徒や、わが子の不登校で自責の念を感じている保護者にとっては、「福音」的な響きに聞こえるかもしれません。しかし同時に、「学業の遅れや進路選択上の不利益や社会的自立へのリスクが存在する」との指摘に悩みは膨らんでしまうのではないでしょうか。

　不登校児童生徒への支援に中心となって取り組む学校の動揺も推察されます。「学校復帰に拘らなくても良いが、学業、進路、社会的自立は責任を持て」とのメッセージに、本人と接したり話し合ったりする機会がきわめて制限されるなかで、「学業・進路・自立」の支援をどう進めたらよいか。どの学校も悩みは尽きることがないでしょう。

　しかし、手をこまねいてはいられません。かけがえのない自校の児童生徒への支援に万全を尽くさなければなりません。支援のあり方を検討する際には、前述した「6つの力」を解きほぐす必要がありますが、当事者自身が不登校の要因・背景が分からなかったり、うまく説明できなかったりする場合があります。そのような場合は、当該児童生徒に無理強いはせず、保護者としっかり話し合うようにします。

(2)　保護者との「協働」の必要性

　不登校の要因・背景は多岐にわたるとともに、それらが複雑に絡み合っている場合が少なくありません。個々の事案に即した適切なアセスメントと、組織的・継続的な支援が求められます。「6つの

力」について十分な分析を行い、課題を明らかにしたうえで臨む必要があります。

「①家庭が子供を押し出す力」「④家庭が子供を引き寄せる力」は当然対象になりますし、「⑤本人の特性等から生じる力」も家庭との協働が必要な場合は含まれます。さらに、「⑥学校外の施設等に向かう力」も家庭の影響が大きいと考えられます。

このような家庭問題を取りあげると、「家庭に原因・責任を帰するのか」との反論が生まれることがありますが、これは家庭を非難したり責任を追及したりするものではありません。家庭への支援・家庭との協働につなげるものです。

「不登校児童生徒への支援の在り方について（通知）」（令和元〈2019〉年10月25日）の「基本方針」には、次のように述べられています。「家庭は全ての教育の出発点であり、不登校児童生徒の保護者の個々の状況に応じた働き掛けを行うことが重要であること。また、不登校の要因・背景によっては、福祉や医療機関等と連携し家庭の状況を正確に把握した上で適切な支援や働き掛けを行う必要があるため、家庭と学校、関係機関の連携を図ることが不可欠であること。その際、保護者と課題意識を共有して一緒に取り組むという信頼関係をつくることや、訪問支援による保護者への支援等、保護者が気軽に相談できる体制を整えることが重要であること」。

また、これまでの学校復帰の事例を振り返っても、保護者と教師がしっかり手を組んで、けっして「あせらず、あわてず、あきらめず」に取り組んだ事例が大半を占めます。保護者と教師が信頼関係を深めるなかで目標・方針を確認し、相互に役割・成果を共有しながら少しずつ登校へのステップを切り拓いていく様は、まるで「トンネル掘り」のようです。両側から掘り進める姿は同僚性そのものです。「貫通」の瞬間に派手さはありませんが、不登校対応の模範として語り継がれていく価値は十分です。

(3) 「児童生徒理解・教育支援シート」の活用

文部科学省通知「不登校児童生徒への支援の在り方について」

（令和元〈2019〉年10月）」では、「学校等の取組の充実」の筆頭に、「児童生徒理解・教育支援シートを活用した組織的・計画的支援」をあげ、児童生徒や保護者と話し合うなどして作成し、「関係者間での情報共有」や「学校間、転校先等との引継ぎ」に有効活用するよう求めています。

中学校学習指導要領解説「総則編」においても、「必要に応じ、福祉、医療及び民間の団体等の関係機関や関係者間と情報共有を行うほか、学校間の引継ぎを行うなどして継続した組織的・計画的な支援を行うことが重要である。その際、学校は、当該児童生徒や保護者と話し合うなどして、『児童生徒理解・教育支援シート』（以下「シート」という。）等を作成することが望ましい」[1]と明記されています。

シートは、「不登校児童生徒の状況を的確に把握し、当該児童生徒の置かれた状況を関係機関で共有し、組織的・計画的に支援を行うことを目的」に、学級担任、教育相談（不登校）担当、養護教諭、スクールカウンセラー、スクールソーシャルワーカー等により学校が組織的に作成するものです。

学校内で学級や学年の枠を超えて組織的に活用することにより、「チーム学校」としての支援を円滑に行うとともに、多様な要因・背景を持つ不登校に対処する関係機関との連携を効果的に進めることができます。

引き継ぎや提供に当たっては、個人情報保護の原則に十分配慮し、児童生徒や保護者が、「レッテル貼り」にならないか等の不安を感じることがないよう、趣旨や活用方法についてていねいに説明し理解を得る必要があります。

なお、個別資料の作成に関しては、これまで、障害のある児童生徒には個別教育支援計画の作成が義務付けられていたり（学習指導要領）、日本語指導の必要がある児童生徒等への必要性が示されたりしていましたが（文部科学省通知、平成26〈2014〉年1月）、中央教育審議会中間まとめ（平成29〈2017〉年12月）での「複

数の計画を1つにまとめて作成する」という提言を受け、文部科学省が参考様式を策定しています（都道府県教育委員会作成例も多数あります）。

　シートには、家庭での状況や保護者の見立て・意向等を記載する欄が設けられているものが多く、保護者と協働する大きな機会として活用することが期待されます。シートの作成を通じて、保護者の不安感に寄り添いながら、ともに当該児童生徒を支援する方法を確認することが大切です。

（4）　保護者への支持・支援
①保護者との面談

　「不登校対応は休み始めて『最初の3日』が勝負」[2]と言われます。保護者も「登校しぶり」の様子が見られると、不安感が高まります。早目に保護者との面談を行うことが大切です。

　母親に来校を求めたときの逐語録を掲載した書籍[3]では、次のような手順を踏んだ面談の留意点を示しています。

ア　来校の労い・感謝を述べる。

イ　プラス面・保護者を認める発言で、呼び出しを受けた母親の不安を和らげる。

ウ　面談の目的を伝える。

エ　共感、開かれた質問、返答への共感、リソース探しの質問。

オ　具体策について確認する。

カ　来校への感謝の言葉を述べる。

　まずは保護者の不安や焦りの気持ち（心理的事実）を受容し、対応策（客観的事実）の提示を急がないことが大切です。

②家庭訪問

　不登校児童生徒宅への家庭訪問を評価項目に入れた調査[4]では、教師の家庭訪問を「よかった」「どちらかといえばよかった」との保護者の回答は82%でした（電話連絡の評価は79%。当該児童生徒の回答は、電話連絡58%、家庭訪問48%）。

　おおむね高い評価ですが、「先生の家庭訪問も友だちのおむかえ

と同じで、相手がそれを望んでいないのに『学校の責任上必要』という理由で押しかけるようなことは止めてほしい」[5] という意見もあります。

「教師が欠席を叱責したり、登校するよう説得するなどの一方的な理屈のみの指導」「親の姿勢を一方的に批判したり、教師主導の苦肉的指導」[6] となってしまうのであれば、家庭訪問は「労多くして功少なし」となってしまいます。

「初期は『安定と安心』を与える、継続中は『関係の継続・信頼関係の構築』」というように、「子どもの状態に合わせて訪問の目的が変わる」[7] ことにも留意する必要があります。「その意図・目的、方法及び成果を検証し、適切な家庭訪問を行う」[8] ことが重要です。

③電話連絡

電話による不登校児童生徒および保護者とのやり取りは、「ことばだけによる『ワンチャンネルコミュニケーション』」で、しぐさ、表情、身振り、服装など視覚から情報を得ることができない」[9] だけでなく、時間的制約やネット社会の急展開等も影響し、不登校対策としての活用は激減していると言われます。

しかし、肉声での貴重な会話の機会となり、「つながり」を実感できるというプラス面もあります。「声が聞きたくなった」という短い会話から、膠着状態から徐々に脱することができた事例もあります。機に応じた活用を心がけておく必要があります。

④連絡帳・交換ノート・手紙・メール

働き方改革における業務改善により、児童生徒や保護者とのリレーションづくりの機会が減少しています。「文字を通した交流」は、表記・表現・筆圧等から思わぬ「発見」があったり、深く読み込むことで相手の心情に触れたりすることがあり、リレーションの確立に役立つことがしばしばあります。

一人一台端末も順調に進み、授業配信等での ICT 環境も整ってきました。不登校児童生徒の支援に役立てるとともに、保護者との意思疎通にも活用し、不登校児童生徒への具体的な支援方法等につい

て、緊密な連携協働を進めることが重要です。

　担任が連絡帳等で気がかりな記述を発見した際には、学年主任、教頭、校長が決裁する仕組みを整えている学校では、保護者の不安や不満をいち早く察知し、組織対応に結び付けています。「子供と向き合う時間」や「保護者の心情をくみ取る時間」の確保は、業務の見直しを行う際には重要な視点に加える必要があります。

⑤事例検討会

　組織的取り組みを進めるには、実施計画の設定・確認、実践や成果の評価・改善（P〈プラン＝計画〉D〈ドゥ＝実行〉C〈チェック＝評価〉A〈アクション＝改善〉）が重要ですが、その前に、現状把握（R＝リサーチ）と達成目標（V＝ビジョン）の共通理解が必要です。このようなRV・PDCAサイクルでのチーム対応に問題解決への期待が高まります。

　これを、保護者とともに実施できたら効果はてき面です。しかし、一つの事例検討には多大な時間と労力を要します。短縮事例法等の導入が図られたりもしましたが、時間短縮はわずかでした。そのため、KJ法[10]で活用する、参加者が自由に意見を述べ合うブレーンストーミング（集団的思考法）をカード化したりもしましたが、今一つしっくりきませんでした。

　そんな折、『ホワイトボードでできる解決志向のチーム会議』[11]という書籍に出会いました。ブレーンストーミング４原則「批判厳禁、自由奔放、質より量、便乗歓迎」に従って出された意見をホワイトボードに書き綴っていくというシンプルな方法ですが、「事例報告➡質問➡目標の確認➡ブレーンストーミング➡事例報告者の自己決定➡振り返り」という流れのなかに、解決志向（ブリーフセラピー）やコーチングの重要なエキスがたっぷり詰まっているうえ、実施時間が30分というのですから、学校での実施にピッタリです。

　同書には、事例報告者として両親が参加した、不登校生徒（中２男子）に関するチーム会議の様子が収録されています。その文末にはこうありました。「不登校は子どもにとってダメージが大きく、

親もつらい状態ですが、本人の貴重な成長の一過程であることが多いものです。だからこそ、チームで取り組み、共に支え合って進むことが必要なのだと実感した会議となりました」。

⑥関係機関等との連携

　不登校の要因・背景は多岐に及び、教育的支援だけでは十分でない事例が多々あります。学校に問題がある場合は、その解決をめざした取り組みに全力を尽くすことになりますが、ゲーム依存が疑われる場合には医療機関、家庭問題にかかわっては福祉機関、非行問題が絡んでいる場合には、司法・保護機関等、それぞれの専門家による支持・支援が必要になります。

　保護者から相談を受けた場合は、ワンストップ（1ヵ所への相談でさまざまな機関の紹介が受けられる）機能の発揮が期待される、スクールカウンセラーや行政が開設している教育相談所等を紹介することになります。

　「保護者に対する援助では、教員以外に相談できる人がいることにより、学校や教員に対する不満等も遠慮しないで話すことができる利点がある。さらに、保護者自身もカウンセリングを受けることにより、子どもに対する理解と対応の仕方に気づくことができるようになる」[12] ことを踏まえ、保護者からの要望に応えられるよう、それぞれの機関の役割・特徴等を熟知し、事案・状況に応じた支援を得ることができるようにする必要があります。

〈注〉
（1）　文部科学省「中学校学習指導要領（平成29年告示）解説『総則編』」2017年。
（2）　諸富祥彦『図とイラストですぐわかる教師が使えるカウンセリングテクニック80』図書文化社、2014年。
（3）　鈴木庸裕・佐々木千里・髙良麻子編『子どもが笑顔になるスクールソーシャルワーク』かもがわ出版、2014年。
（4）　東京都練馬区教育委員会「練馬区不登校に関する実態調査報告書」2022年。

（5） 野村俊幸『わが子が不登校で教えてくれたこと』新風舎、2005 年。

（6） 星野仁彦・熊代永『登校拒否児の治療と教育——教師・医師・家族の
チームアプローチ』日本文化科学社、1990 年。

（7） 小澤美代子『上手な登校刺激の与え方——先生や家庭の適切な登校刺激
が不登校の回復を早めます！』ほんの森出版、2003 年。

（8） 文部科学省『生徒指導提要』東洋館出版社、2023 年。

（9） 長岡利貞『電話相談—現代のアジール』ほんの森出版、2010 年。

（10） 川喜田二郎『続・発想法』中央公論社、1970 年。

（11） 佐藤節子編著『ホワイトボードでできる解決志向のチーム会議』図書
文化社、2021 年。

（12） 日本生徒指導学会『現代生徒指導論』学事出版、2015 年。

「クレーム」から「クリエーション」へ

1. 保護者クレーム問題の「これまで」と「これから」

　第1部「『これまで』を振り返る」で検証したように、保護者からの苦情・要望は当然なことであるとはいえ、そのあり方（内容や方法等）には多々問題がありました。最大の問題は「子供が置き去りにされた」ことです。枕詞に「子供のため」を並べながら、「大人のため」の論争・相克が多すぎます。

　最大の「戦犯」は世論を誘導する「物語」の流布です。権力者の横暴さを暴くマスコミ報道には、「弱きを助け強きを挫く」強い意思を感じますが、「クレーム物語」「いじめ物語」「不登校物語」等にはリップサービスとしか思えないものがあります。

　これまでも、大多数の学校・保護者は「子供の幸せ」を願って手を携えてきました。ごくわずかな「むずかしい」保護者の存在が、「保護者クレーム問題」として脚光を浴び、社会問題として扱われてきました。圧倒的に保護者側に非がある場合でも、「要因・背景の追及はタブー」という「建前」が大きく立ちはだかりました。

　それでも、当該保護者のリソースの活用や専門機関との連携等を通して、学校はクレーム問題を乗り越えてきました。しかしもう「むずかしい保護者」への対応は、一学校の努力では太刀打ちできない状況になっています。稀有なケースとはいえ「心の問題」を抱えたり、法的措置を求めたりする保護者には、設置者等による専門的対応が不可欠です。

　一方で、保護者との連携協働に大きな期待がかかる課題には、そのしくみを意図的に構築することが求められます。家庭・学校の垣根を超えた問題が山積しています。本書で扱ったいじめ問題・不登校問題に限らず、増加の一途を辿る家庭内暴力や児童虐待問題、将

来に向けて深刻さを増す少子化問題やひきこもり問題等には、家庭・学校・社会を別枠に捉えていたのでは歯が立ちません。

　多様化・複雑化した問題の主因を「クレーム問題」に矮小化できるはずはありません。もっと広角的かつ焦点的な視点が必要なのです。クレームの相克に終止符を打ち、家庭・学校・社会が一丸となって「こどもまんなか」社会を創造していかなければなりません。「クレームからクリエーションへ」。今こそ、そのときです。

2. 保護者クレーム問題といじめ問題

　「小3の仲良しグループ女児3人のうち2人が日曜日にたまたま出会い公園で遊んだ。翌日その話を聞いた残り1人の子が家でその話をしたところ、母親がいじめの重大事態と訴えた」「中2のA男が同級生のB子に交際を申し込んだが断られた。沈んだ様子のA男から事情を聞いた母親がB子を加害者とする『いじめの重大事態』を申立てた」。

　両事案とも、いじめの重大事態として学校・教育委員会が多大な労力・資金を費やして調査に当たったものです。学校は双方が傷つくことのないよう「和解」の道を探りますが、いじめを加害・被害の二項対立的に捉え、厳正な事実解明を求める「法」に違反することになり、アンビバレンス（相反する二つの感情・態度）な状況に追い込まれていきました。

　いじめの被害を訴える女生徒への聴取調査の瑕疵（男性教員のみで行った）を問われた。保護者の了承を得ずに加害児童に謝罪をさせた。いずれも、「不適切な対応」として懲戒処分が求められたケースです。確かに不適切な点があったことは明白ですが、どちらも担当した教師には早期解決への願いがあったことも確かでした。

　昭和60（1985）年6月28日、「児童生徒の問題行動に関する検討会議」は、「いじめの問題解決のためのアピール」を発表しました。基本認識の冒頭には、児童生徒は友人関係や集団生活のなかで成長発達すること、友人間の問題の克服は本来「子どもの世界」

に託すべき部分が多いことを前提としながらも、いじめ問題がきわめて深刻な状況にあることから、「『子どもの世界』にあえて手をさしのべ」るとの決意表明があります。

「あえて手をさしのべ」とありますが、その後の文部（科学）省・教育委員会・学校等の取り組みには目を見張るものがあります。同アピールには、「親が自らの責任を十分自覚し、その教育機能の回復を図り、努力を傾けることなくしては、根本的な解決に近づくことはできない」と、保護者に対しても厳しく奮起を促しています。

しかし今、「いじめ物語」からの負の影響を受けてしまった一部の保護者の間に、「いじめに関しては、いかなる内容・手法のクレームも許される」とする考えが広まっています。このため、「大人の最悪の利害の相克」が、「子供の最善の利益の保障」を脅かしています。

大阪弁護士会等の編んだ書籍[1]では、「わが子の痛みが保護者の痛みとなり、それが保護者を攻撃的にすることは、正当なものであり、学校は、その心情を受け止めて頂く必要がある」とした上で、「その怒りは、ときとして、子どもそっちのけで保護者独自の怒りとなって暴走してしまうことがあ」り、「弁護士もどんどん攻めることを保護者から求められ、子どもそっちのけで先鋭化した保護者と一緒になって学校攻撃をするということに陥るリスク」があることが明かされています。

このような問題の解決には、『囚われのいじめ問題——未完の大津市中学生自殺事件』[2]が指摘する「いじめ物語」からの解放と、いじめ防止対策推進法を中核とする、いじめ問題に係る法体系の見直しが必要です。いじめは子供の生命さえ奪いかねない人権侵害行為です。その根絶に向けた社会創りは早急に実現されなければなりません。

3. 保護者クレーム問題と不登校問題

「不登校物語」のメインテーマは「無理して登校しない・させな

い」です。それを支える「小さな物語」は多様に準備されています。その一つ「負の感情の抑圧」は、日本の独特の「文化依存症候群」[(3)]にあるのかもしれません。この概念の提唱者は、「発達過程において、一定レベルでの負の刺激は避けがたいものであるし、よい体験だけ味わえる人などいない」としたうえで、傷ついたとき「自分の物語」に逃げ込んでしまうと、「痛みと向き合うことから逃げ続けてしまう」ことを危惧しています。

　より厳しい指摘もあります。「《全てを受け入れて》《好きなようにさせてあげましょう》という心理学的思考を重ねて加えれば、不登校やひきこもりはやがて理性までなくし」[(4)]てしまうのではないかとの懸念です。内閣府の調査では、不登校がひきこもりのきっかけになった割合は 20％弱ですが、「146 万人というひきこもりの人数（中略）、支援者が相談してきた親に示す典型的な対処の方法の言葉、『（中略）信じて待ちましょう。それまで見守っていきましょう』が大きく影響しています」[(5)]との指摘と通底するものがあります。

　もちろん最悪事態を想定した警鐘なのでしょうが、ニート（15 ～ 34 歳で就業・就学・職業訓練のいずれもしていない人）数 74 万人（2022 年）は、労働人口や社会保障制度の安定化を考えると、気がかりな数値と言えます。

　しかし、この視点からの不登校対策を論じることは本末転倒の結果とならないか不安を覚えます。本書２部 §3「3.『6 つの力』を解きほぐす」で検討したように、「6 つの力」のどこに課題があるのかを探ることで、当事者への支援の仕方を配慮することができます。「本人の特性」への専門的支援が必要であれば、急ぎその具体的方法を保護者と共有し、実践に結び付けなければなりません。家庭への支援が求められる場合には、保護者との「報・連・相」に努め、状況に応じた専門機関の介入も考えなければなりません。

　いずれにしても、要因・背景に目を向けることなく、「何処かに所属させればよい」と割り切るわけにはいきません。不登校は「問

題」ではないが、「課題」（解消・改善をめざすべきこと）であることに違いありません。一家庭、一学級、一学校の問題と捉えるのではなく、社会全体で「寄ってたかって」取り組んでいくことが求められます。

4. 保護者との連携協働の機会の減少

　令和元（2019）年1月、中央教育審議会は「教員の働き方改革」に関する答申を出しました。この後、各学校では業務改善等に取り組んできましたが、1ヵ月の残業時間の上限（45時間）超は、小学校64.5%、中学校77.1%に及び、過労死ライン（80時間）超も小学校14.0%、中学校36.6%と高い数値です。

　こうした状況を受け、中央教育審議会特別部会は令和5（2023）年8月、緊急提言を発表しました（令和6〈2024〉年5月、「勤務時間インターバル」の導入等を盛り込んだ「審議のまとめ」を発表）。教育業務支援員の全校配置や小学校高学年での教科担任制導入等とともに、14業務の見直しがありますが、「子供と向き合う時間の確保」という働き方改革の目的の一つから考えると疑問符がつくものもあります。

　補導時の対応は児童生徒だけでなく、保護者とのリレーションづくりには最も効果のあるものの一つです。休み時間・給食時・清掃時での児童生徒へのストローク（はたらきかけ）は、小さなサインに気づく大きなチャンスです。給食費の徴収や調査への回答等、事務的な業務は教師以外の者が担うようにして、児童生徒や保護者とのやりとりには、教職員が余裕をもって取り組める時間の確保が望まれます。

　保護者との人間関係の構築に、「3R」（リスペクト・リレーション・リソース）が重要であることはすでに考察しましたが、保護者会、個人面談、家庭訪問、PTA活動等の廃止・縮小は、「3R」の機会を減少させています。

　学校行事・部活動の縮減や学級通信・連絡帳等の廃止も、教師と

保護者との交流の場を狭めるものです。このような、学校と家庭が一体となった取り組みには「日本特有」と評されるものが多数あるようですが、「時代の変化に合わせて」「世界の標準に」という観点からのみ評価してよいのでしょうか。

　教師と保護者の「対面」の機会の減少を前に、「不易と流行」という言葉を思い浮かべました。確かに「流行」に重きを置くことは大切なことと思われますが、大切なものまで「流行」に置き換える必要はありません。次々に新たな課題が現れる今日、学校と保護者との連携協働がますます重要性を増していくものと思われます。その実現こそが「新しい社会」の創造を可能にするものと信じます。

〈注〉
（1）　大阪弁護士会/子ども権利委員会/いじめ問題研究会『事例と対話で学ぶ「いじめ」の法的対応』エイデル研究所、2017年。
（2）　北澤毅・間山広朗編『囚われのいじめ問題──未完の大津市中学生自殺事件』岩波書店、2021年。
（3）　パントー・フランチェスコ『日本のコミュニケーションを診る──遠慮・建前・気疲れ社会』光文社、2023年。
（4）　長田百合子「不登校児の親とどうかかわるか」『月刊生徒指導』2006年12月号、学事出版。
（5）　二神能基・久世芽亜里『引きこもりの7割は自立できる』新潮社、2023年。

いじめ・不登校「先生、その対応間違ってます！」

2024 年 7 月 25 日　　第 1 刷発行

著者───────嶋﨑政男
発行者──────福山孝弘
発行所───────㈱教育開発研究所
　　　　　　　　　〒113-0033　東京都文京区本郷 2-15-13
　　　　　　　　　TEL　03-3815-7041（代）FAX　03-3816-2488
　　　　　　　　　https://www.kyouiku-kaihatu.co.jp
　　　　　　　　　E-mail=sales@kyouiku-kaihatu.co.jp
装幀───────長沼直子
表紙イラスト────めんたらこ（https://mentarako.com）
印刷所──────中央精版印刷株式会社
編集人──────山本政男

ISBN978-4-86560-595-2　C3037